躁狂抑郁何时休

About Depression, Causes and Treatment

——寻问抑郁、躁郁症的 N 个怎么办

心理师・佑灯◎著

Billson International Ltd.

Published by
Billson International Ltd
27 Old Gloucester Street
London
WC1N 3AX
Tel:(852)95619525

Website:www.billson.cn
E-mail address:cs@billson.cn

First published 2023

ISBN 978-1-80377-062-8

©Hebei Zhongban Culture Development Co.,Ltd All rights reserved.

The original content within this product remains the property of Hebei Zhongban Culture Development Co.,Ltd, and cannot be reproduced without prior permission. Updates and derivative works of the original content remain the property of Hebei Zhongban. and are provided by Hebei Zhongban Culture Development Co.,Ltd.

The authors and publisher have made every attempt to ensure that the information contained in this book is complete, accurate and true at the time of printing. You are invited to provide feedback of any errors, omissions and suggestions for improvement.

Every attempt has been made to acknowledge copyright. However, should any infringement have occurred, the publisher invites copyright owners to contact the address below.

Hebei Zhongban Culture Development Co.,Ltd
Wanda Office Building B, 215 Jianhua South Street, Yuhua District, Shijiazhuang City, Hebei province, 2207

作者简介

佑灯 1983年1月生人，中科院心理研究所心理咨询师，常年做公益心理咨询。曾在中国东南沿海参过军；500强企业打过工；省市区街（乡）四级政府做过普通公务员。

人生40载，在抑郁、躁狂的情绪影响下，既有轻躁赋能、事业小成过，也曾身心失能、"劳财害命"甚至家庭破碎。所幸在亲人、友人和自己的努力下，克服了抑郁、躁郁症，体会了人间冷暖，感悟了人生真谛，逐渐将"治愈自己、疗愈他人"作为未来工作和生活的方向。

活跃于头条、抖音、百家等平台（号名均为"佑灯yh"），免费作直播经验分享，义务为国内知名心理平台提供文章，重点学习、研究和分享抑郁、躁郁症等心理障碍问题和案例，努力为广大读者和患友解答抑郁、躁郁症等方面的疑惑。

Everything will be fine 序言

作为一名抑郁、躁郁症的经历者、斗争者、康复者，每次看到患友被误诊（治）、延诊（治），家属着急上火、无计可施，我的内心始终有一种复杂的味道。更令人愤慨的是，很多人认为这种病就是"想多了""想不开""太脆弱""矫情"……它们不需要医治、不要理患友甚至对其嗤之以鼻，各种无知言行随时随处可见，既耽误了寻医问诊，又影响了工作生活。

据相关资料显示，估计全世界有3.8%的人口，即约2.8亿人患有不同程度的抑郁症，截止到2030年，抑郁症有可能成为全球第一位的疾病负担。躁郁症同样不可忽视，在美国每一百位民众中就有6位至7位患友。事实上，并非所有患友都意愿、有机会接受治疗，因此以上数字有可能被低估。

与此同时，社会上对抑郁、躁郁的偏见和无知，深深影响着广大患友和家属的治疗认知、信念，而像拥有聚集性遗传的我的家族，自然需要主动去改变和斗争，便于让社会上的人和自己的家人能清醒地意识到自己的问题和使命所在，从而尽快推动、扭转整个社会对抑郁、躁郁症的观感和见识。

基于以上目的和想法，我决意撰写这本书。希望广大读者、患友及其父母能通过此书，了解认识抑郁、躁郁症的相关知识，有效掌握情绪波动的平衡度，不断改善和促进心理健康，尽快从心理障碍的困苦中走出来。

书中所涉治疗的体验，虽有自身和家族的真实经历，但也只是代表了笔者的一家之言，因此如有不同见解，还请大家多多包涵。书中所涉有关疾病的诊断和治疗，请读者仅供对比参考，具体应去寻找好的医院和医生问诊。书中所涉案例，虽来源于实际生活，但又别于现实，请读者阅读时切勿对号入座，以免引起不快。

在此，我要感谢出版社的编辑，感谢他（她）们在本书构思和写作过程中的支持、指导和鼓励，衷心感谢出色的编辑工作。我还要感谢，我的家人、朋友和同事，他（她）们热心地为我的劳作贡献了知识和智慧，让自己获益良多，因为他（她）们不断为我提供精神上的支持和创造性的想法。最后，我还要感谢所有陪伴过的抑郁、躁郁患友及其家属，你们不仅坦诚相待，还给予真诚信任。

由于本人能力有限，加上时间仓促，书中如有不足或错误之处，还希望广大读者和患友们批评指正。

推荐序

在我躁郁发作后,家人带着我找到了佑灯老师,应该说是他陪伴我度过了一段迷惘而又难熬的时段。那时佑灯老师就说过,要把自己的经历和对疾病的感悟写下来,等待了一年,书终于面世了。在我看来,这本书是十分全面的,对于抑郁、躁郁症,既没有高高在上的说教式讲解,也没有晦涩难懂的心理学宣讲,贴近实际、非常实用,每个人都能轻松阅读。该书能基本上解决抑郁、躁郁症患友日常中的大部分疑惑,即使不是患友,在阅读之后也能对心理问题有一定的了解,引起关注和觉察。以一种更为专业的角度去看待心理问题,这是一部"可读""适读"的好书。

——曾经的躁郁症患友、现浙江师范大学应用心理学专业学生

非常幸运在合适的时间遇到了佑灯老师,在我儿子最难的时候,是佑灯老师在自媒体平台上的文章和视频激励着家人一起渡过了难关。他对抑郁、躁郁症的观点和建议,非常客观而又真实有效,让我和孩子消除了对疾病的恐慌和迷茫,避免了可能要走的弯路。佑灯老师的这本书,沿袭了之前的语言表达风格和特点,简单易懂,参考价值较高,非常值得广大患友和家属阅读。

——一名来自湖北的抑郁、躁郁症患友家属

作为一名有着 20 年躁郁症经历的患友和一名在心理学行业深耕了十几年的心理咨询师,我很欣喜能看到这样一本专门写给抑郁、躁郁症患友的指南面世。

这本书既是佑灯老师多年患病求治过程中总结出来的经验提炼,也是对诸多被贴上标签的患友雪中送炭般的问候指引。从如何看待抑郁、躁郁症等心理疾病,到患病后容易遇到的各种问题,佑灯老师都有清晰的阐述和解释,这将会让很多患友在治愈的过程中少走弯路,得到很多启发,减少很多困惑,明确很多路径。这是一种非常强有力的支持。

同时,这本书对抑郁、躁郁症患友的家属同样具有重大意义,它会让家属更多地了解这个疾病,更多地了解患友,给予患友更加积极有效的支持和回应,也减少对患友重要关系和社会功能的破坏。

——资深心理咨询师乌狄

本来社会就进入快节奏时代,突如其来的新冠疫情几乎打乱人们正常的生活规律,原本就有生活压力的心理更是雪上加霜。虽然新冠疫情将会灰飞烟灭,但给人们留下的心理阴影将挥之不去,很多心理问题积攒久了必会爆发,继续扰乱影响着人们生活。所以，当今很多人需要心理疏导，需要心理健康，更需要一本良师益友抚慰创伤压抑的心灵。

这是一本顺应时代规律、社会需求的实用之作，它如同"及时雨"一样赶来了。该书的作者人生坎坷、历经沧桑，他不是文学职业者，也不是刊物经营者，他是一个普普通通的、接地气贴地皮的公务人员，他用几百个点灯之夜著就成这本价值之作。

作为作者的身边同事，我熟悉他的工作经历，读懂他的人生感悟，他在人生低谷期能够孤蓬自振、涅槃重生，实现人生蜕变，非常不易！正因为作者的特殊经历，或者更确切说是亲身经历，才能不辞心血写出这本实用之作，他想用自己的感悟去拯救那些还溺沉于"心理囚笼"中的患友，用火热的心声唤醒他们，用余生之力打开他们的心灵希望之窗。

——公职律师付学先

前言

Everything will be fine

黑云压城城欲摧，甲光向日金鳞开。

角声满天秋色里，塞上燕脂凝夜紫。

……

——（唐代诗人李贺作品《雁门太守行》）

大意：战争即将打响，敌兵滚滚而来，犹如黑云翻卷般将摧倒城墙；而战士们的铠甲在阳光照射下金光闪闪地闪烁着。号角声响彻秋夜的长空，边塞上将士的血迹在寒夜中凝为紫色。

〔这是一场逆战〕作为经历过躁狂、抑郁心境的康复者，个人觉得李贺的这两句诗就是自己抗躁、郁前后心理状态的真实写照：或悲伤凄凉，或激情悲壮；或漫漫哭泣，或喃喃自语；或不屈挣扎，或生无可恋。

抗躁狂、抑郁就像一场战争，整个战场会呈现出不同的画面。画面中，不同的时刻都会有金色、黑色、白色、红色等不一样的色彩交织在一起，反映出自己不同的心境。

这场战争时间很长，没有人会知晓何时结束，几乎每天都在战斗,从白天进行到夜晚,敌军人马众多、来势凶猛,交战双方力量悬殊、守军处境艰难。

进入抑郁战场时,无论是晴天白云还是鸟语花香,在自己这里都是一片黑暗,仿佛被无形的黑雾笼罩住了,无论走到哪里,始终被困在这团黑雾里,看不到光明和希望。

转入躁狂战场后,会突然看到天空蔚蓝、大海澎湃,人会显得情绪高涨、异常兴奋、思路泉涌、自信满满,瞬间感到自己能拿下整个战场,胜利就在前方。但是,过不了多久,自己又会转入抑郁战场,瞬间情绪低落、精力锐减、战意减弱。这两种状态会反复交替,持续很长一段时间。

而随着时间的流逝,终究会觉得战争总会结束,局面将豁然开朗,经历过战争的自己也会变得特别有力量,想得相当通透。

〔**我是孤勇者**〕当我陷入抑郁、躁郁时,周边的人一般是理解不了的,他(她)们很难感同身受,他(她)们表现出来的言行举止往往不会附和自己,更不会欣赏、仰慕;更多地只会是怜悯、厌倦、远离甚至苛责。

被抑郁、躁郁缠身的我,就像突然去了天堂,猛然看到了天外飞仙,感到惊奇不已,在一段时间内显得情绪失控、精神错乱。这个过程中，自己能看到别人看不到的东西，想到别人想不到的点子，会做出别人做不出的事情。

毫无疑问，我陷入了一场孤军奋战的战斗。这道坎翻过去了，自己可能会收获别人收获不到的礼遇，对人生会格外通透，似乎再也没有什么能击败自己；翻不过去，我将可能遭遇更多的诽谤苛责、冷嘲热讽，迎接自己的可能会是更加残酷的战斗。

作为这场战斗的孤勇者，我牢牢记住了尼采的一句话："与恶龙缠斗过久，自身亦会成为恶龙；凝视深渊过久，深渊将回以凝视。"在对抗邪恶的时候，我需要有面对恶龙的胆识以及凝视深渊的勇气，但要小心不能沉溺其中，否则可能会被同化成恶龙或是坠入深渊……

希望所有正陷入、曾陷入、将陷入抑郁躁郁的朋友们，都有一个好的归宿：昨日之深渊，今日之浅淡。

〔要打破这道心墙〕陷入抑郁、躁郁之后，我的面前出现了一道无形的心墙，阻挡着自己与家庭、单位乃至整个社会的交流和沟通。由于有了心墙，我可能很难跟家人、同事、朋友保持持久的良好关系，自己的内心被抑郁、躁狂、焦虑纠缠着，波动的情绪同步折射在别人身上，他（她）们可能会有短暂的怜悯、突然的厌烦直至无奈的苛责。

久而久之，这道无形的心墙可能会不断地加固，将我与外围的关系搞得越来越僵，或人际惨淡、或事业受阻、或家破人亡，给自己的工作和生活带来难以估量的损失和伤害。而当我触底反弹前，没有几个人会相信自己能重新站起来，那种挫败感无时无刻会影响着自己。人生就是如此，大部分人只会注重结果，结果好的，趋利而来；结果坏的，避害于你。

面对外围的压力和刺激，学会舍得和忍受就显得非常关键。我必须想尽一切办法，积极接受治疗、缓和家庭关系、与人打开心扉，利用一切可以利用的资源，不断强大自我，努力打破这道心墙，奋力站在光明的人生大道上，再次迎接新的生活。

非常庆幸的是，我最终翻过了这道心墙，随之而来的是，自己对人生的认知发生了翻天覆地的变化。我的内心变得异常强大，对名利往往会淡泊，对争论往往会一笑而过，自己似乎有一种同龄人没有的本领，会站在未来30年、40年以后的人生维度来直视现在的局面。面对工作和生活的时候，我会显得异常的成熟和通透，或许这就是打破心墙之后的变化，这何尝不是人生的一种收获呢？

Everything will be fine

目录

第一部分
关于抑郁、躁郁症和我的那些事

（一）抑郁旧约 003

（二）躁郁之心 006

（三）家族疑云 009

（四）灵魂出窍 014

（五）通透人生 017

第二部分
走近抑郁、躁郁症的真相，寻找希望之光

（一）抑郁、躁郁之异同..................................025

（二）躁狂、抑郁的"天赋说""七大罪"..................031

（三）躁狂抑郁人生..038

（四）为什么会发生在自己身上............................043

（五）抑郁、躁郁症的筛查小工具（仅供参考）............048

第三部分
寻问 N 个怎么办，等待黎明破晓

（一）嘿！它们初来乍到啦......056

（二）快来呀！一起打开心理治疗的门......062

（三）亲，紧张吗？第一次去医院问诊......066

（四）哈罗！要不住院去吧？......071

（五）呜呜，又要吃药啦......075

（六）心理师一定很有气质吧......078

（七）崩溃！又突然发作了......082

（八）非议和不解，请稍息去......086

（九）"标签化"的困惑......091

（十）当婚恋遇上躁郁......096

（十一）谁能告诉我，自己还能上班吗？......099

（十二）你的青春，除了叛逆还有躁郁......103

（十三）"休学"的纠结和烦恼......109

（十四）体制内的抑郁、躁郁......113

（十五）"懒"人的对话......119

（十六）木讷、迟钝，终究会消失......124

（十七）虎之"激惹"，狗之"激越" 127

（十八）伴有妄想、幻听，这还是躁郁症吗？ 130

（十九）怨恨父母的"梗"，何时才能了？ 135

（二十）亲密关系，为什么很难持久？ 140

（二十一）讨好人，是个坏习惯 145

（二十二）疯狂消费、过度投资的背后 151

（二十三）缺的不是钱，而是用心的陪伴 157

（二十四）负债累累，陷入躁郁崩溃边缘 161

（二十五）亲人的冷眼，别人的疏远 167

（二十六）抑郁、躁狂后的长相气质 172

（二十七）与工伤的距离有多远？ 177

（二十八）抑郁了，轻生念头不断 184

（二十九）它们也会传染吗？ 190

（三十）令人生厌的复发 195

（三十一）站在道德的制高点，不等于真心陪伴 199

（三十二）母亲的陪伴之路 202

（三十三）遭受重大创伤后 205

（三十四）带着症状去生活 209

第四部分
实用心理放松方法

（一）腹式呼吸法 214

（二）"蝴蝶拍" 216

（三）肌肉放松法 217

（四）着陆技术 219

（五）冥想放松 221

第五部分
致抑郁、躁郁症患友及父母的三封信

（一）致抑郁症患友（已逝）父母的一封信 224

（二）致广大抑郁、躁郁症患友父母的一封信 227

（三）致广大抑郁、躁郁症患友的一封信 231

参考文献 235

Everything
will be fine ●第一部分
关于抑郁、躁郁症和我的那些事

如果不是因为自己得了抑郁、躁郁症,那我就不会对这两个病有切身体会,也就永远不知道它们带给人的困扰和伤害。如果不是因为我的家族对精神疾病有遗传,那自己就不会对它们的病原、类型、如何医治等深入地去了解。正是基于自己亲身经历和对家庭遗传的了解,为了让社会和大家更深刻地认识它们、理性地接纳它们,我决定,将自己关于抑郁、躁郁症的那些事记录下来。

（一）抑郁旧约

众所周知，"抑郁"本身是一个外来词，不属于我们中国本土文化。最早提出"抑郁症"的，据说是公元前的古希腊医学家希波克拉底，他将健康与疾病均当作"自然现象"，将人体作为一种物质构成并提出了四体液说，即血液、黏液、黄胆汁、黑胆汁。抑郁症在西方和中国文化语境下同样经历了好多个阶段。相传欧洲在四百年前，对抑郁症就有过一个被逐渐接纳的演变过程。

在我国差不多十年、二十年前，说谁有一点抑郁的时候，大家都觉得"你少来""骗人的""你想多了"，最多会用多愁善感、优柔寡断等词语轻描淡写地一笔带过。后来大部分地方，谁说自己得了抑郁症，依然感觉得了一种不太好跟人讲的病，会有一点羞耻感，会害怕别人知道。而现在在相对开放的城市，比如北上广深等，谁说得了抑郁症，谁去做心理咨询，已经变成一个比较能被大家接受的事情，甚至亲戚、朋友、同事也会鼓励其去看心理医生，且会包容、会接纳这样的群体。不知道目前对抑郁症的理解，是不是我们当下的社会跟多年前的欧美，有一些相似的地方呢？

我对抑郁症的最初印象，应该是在电视、网络上，当时经常会听到学生跳楼或是老师、公务员自杀等。一直有个困惑，小时候乡下人叫的"神经病"，不知道是不是大部分就是类似抑郁症的心理疾病，可能到最后没有很好地进行科学医治，然后慢慢地变成大家认为的"疯子"？最初的他（她）们，也许就是一种心理疾病而已吧。

毫不夸张地说，30年前的全国各地乡下，几乎每个村子都有这样的人。在村口、在马路边、在田园地头，一个人独自低着头走来走去、自言自语，这样的人估计每个地方都有。现如今医学相对发达，当时这些人如果放到现在，那很多人应该都不会成为疯子。如果及早地进行科学医治，及早地进行医学的介入、心理的疏导、家庭的关爱，那这些人一般都会走出来，最终应该不会成为"疯子"吧。

虽然这说不上是社会或者是家庭的责任，但是我觉得我们每个人也应该对此进行反思。对于抑郁症，每个人都不是绝缘体，在特定的场合、环境和时间理，谁都有可能面临它们的侵袭。就像现在的社会和人接纳抑郁症一样，只有理性地接纳了，大家才会得到更加温柔地对待，才会避免发生对以前神经病人造成一样的悲剧。

而对躁郁症,如果不是因为我自己后来发作,那自己可能永远不会去了解这个病……

（二）躁郁之心

儿时起，我就相对活泼开朗，逢人都笑面相迎，对亲朋邻里都会热情称呼，可能在这样的印象下，左邻右舍一般都会觉得这个孩子比较乖巧吧。这是因为我从小缺少安全感而需要迎合别人的表现吗？潜意识里是不是有这个想法？自己不得而知。我认为自己的"乖巧"只是源于内心的需求，这个"乖巧"可以赢得别人的认同，我需要甚至接受这样的感觉，但这种需求也真可能来源于儿时的"不安全感"。只是自懂事起，我不会因此去否定自己的家庭，父母的爱一直都在，尽管可能少于他（她）们给予哥哥的分量。

比较调皮，喜欢玩，喜欢交朋友，经常跟一波同龄人到处野，这也是隔壁邻居叔叔、阿姨们对我的印象。能到处野，说明自己是放养的，父母亲对这个儿子一直比较放心，因此他（她）们管得也比较松。正因为这样，我的童年是幸福的，玩了很多地方、见识了不少人情世故，潜移默化中学会了野路子——不同于一般人的处事方式。

庆幸的是，玩归玩，我的心却没有完全野掉，这可能源于自己从小养成的争强好胜的性格。小学四年级起，就对学习产生了非常浓厚的兴趣，勇于表现、敢于冒尖，当时我在学校的成绩始终偏上，这个状况也一直延续到初中末期。其间，自己始终保持斗志昂扬、精神饱满，睡眠时间比同龄同学要少2个小时左右，脑子停不下来，经常会看书到深夜11—12点。这样的付出，得到的回报是我成绩年年优异，失去的东西是青春发育不足，个子几乎初二后就没增高过，到现在自己都有点后悔。

人生一世，总有一些值得兴奋和激扬的时刻。而我的整个青少年，除了偶尔的失败挫伤、伤心流泪、性情急躁，几乎都处于"令人陶醉""欣喜若狂""充满自信"的体验。这种轻躁状，与正常的"开心"似乎没有什么不同，一切都是如此的正常，谁又会将这个与"疾病"联系在一起呢？

况且，在整个青春期，我的轻躁状一直压制着抑郁状，"兴奋感"站稳脚跟的时间远远多于"悲伤感"。当然，初高中失恋、高考失败、考军校失利，这些挫败感曾经深深地刺痛了我，自己也花了很长一段时间去修复伤痛，但是整个心态平衡的基本面没有发生大的变化。

可以肯定地说，我的躁郁之心一直都在，在躯体里面、在灵魂深处，是由自己的家族将这个基因嵌入体内的，它既给我带来了激情澎湃，也让自己领会了乐极生悲。我珍惜这个缘分，它让自己在躁狂和抑郁间沉浮，这何尝又不是人生该有的状态呢？

因此，从一开始，我就不认为这个病有什么难以启齿的，对此自己没有任何羞耻感。我始终认为，这就是一种病，心理上的疾病，跟糖尿病、心脏病、高血压等疾病是一样的，是需要通过药物治疗，还需要心理辅导、排解，但完全可以医好。只有自己真正地接纳了这个病，才能对这个病有正确的认知，以后才可以针对性地去治疗，这也为了家族未来更好地发展。

（三）家族疑云

1. 小时候，我对抑郁、躁郁症的概念几乎为零，也从不知晓家族有人患有这种疾病。只记得，曾祖父性格刚毅，父亲性情暴躁，家族成员中无论男女，处事都相对急躁。

最早有点触动的事情，便是20世纪90年代初曾祖父的自杀事件。当年曾祖父已90岁高龄，早已远离生活的困苦，却毅然决然地选择了以自杀的方式离开人世。而更让人不可理解的是，没过几年，同样90岁高龄的他的亲弟弟也选择了自杀，连选择的方式都一样。

曾祖父他们两兄弟，都曾经历过磨难，度过了民国乱世、家族灾难、逃难、自然灾害……吃过的苦不计其数。于他们而言，90年代生活刚刚好过，能吃得饱、喝得香，但为什么会双双选择这样的绝路呢？难道仅仅是因为晚年缺少关爱吗？还是由于基因里就存有的心理阴影导致的呢？

在我的儿时印象中，曾祖父始终面带严肃却不乏笑容。

Everything will be fine
躁狂抑郁何时休

印象最深的一次是，他在搬东西时不小心从一个石板阶梯跳下，一条腿碰到了一排钢筋条，划出了很深的几道伤口，回到家他自己随便包扎一下就了事了，丝毫没有情绪波动。

但当时80多岁的曾祖父，性情终究是暴躁的，能看透世事，却收不住情绪释放。平时做事很急，而且容易独断专行，不太愿意听劝告。虽然这些跟躁狂的常态特征不完全相符，但却也是躁狂的表现。

去世前的曾祖父，更多可能是处于抑郁状，面对年老的失落、家庭关爱的缺失，一系列的悲凉情绪压垮了最后一道防线，最终选择轻生。那个年代，活到90岁实属不易，选择这样的方式离开人世，不免让人感到悲哀。

如此家族经历，告诉自己一个事实，不是人老了才抑郁、躁郁，而是抑郁、躁郁未曾变老！

2. 后来长大些，一直听我的长辈及父母说起，自己的爷爷在20世纪60-70年代受过精神刺激，但后来基本靠自己痊愈。爷爷的病没有接受过任何治疗，他在我父母结婚前就去世了，具体什么病也没有确诊过。

由于在20世纪90年代前，我们对精神疾病的分类概念几乎没有，也弄不清楚他到底属于哪一类症状。根据现在跟家人复盘了解的情况，爷爷大体应该是抑郁症，得病后他经常自言自语，会经常跑到外面去，往往过个几天再跑回家。

在当时，社会舆论过盛，村里人甚至包括家里人，其实都是把爷爷当神经病来对待，总是用异样的眼光来看待他。虽然后来爷爷已经变好了，但是这个对我们家的影响终究还是非常大。

待我长大后，家族里的姑婆（即爷爷的妹妹）也犯病了，她得病的主要缘由，是因为丈夫意外去世再加上其他一些刺激。听说得病后的姑婆还会打骂人，有时又经常哭泣，从种种迹象来看，她可能属于躁郁症。后来，在我父亲等人的帮助下，带她到我们市里的精神病医院接受治疗。通过3个月时间的治疗，姑婆在药物的作用下，身材明显变胖，但情绪慢慢恢复了、变好了。回到家后，她始终坚持服药，人虽变得木讷，但后来一直很稳定，直至终老。

现在联想到这个病情，想想我父亲的情况，十有八九也是带有遗传，他的性格非常暴躁，生气的时候就会大发雷霆。他是具备躁郁症的特征，只是没发作，一直潜伏着，这也让自己知道了这样一个事实，那就是并非有遗传就会发作。

从某种程度上来说，躁郁症状并非全是坏事，它还促进了我父亲的事业发展。父亲在村里还当过村长，跟一般农村人相比，他肯定是相对优秀的。在20世纪90年代，我家在父亲的"带领"下成了万元户，当时在乡下万元户非常少见，这说明他的症状也给家庭带来了好的一面。

3. **时**代在进步，医学水平在发展，抑郁、躁郁症逐渐被社会大众接纳。反而有一种观点正在民间广泛流传，都说得抑郁、躁郁症的人往往是在高知群体当中，包括企业家、医生、老师、公务员等队伍。所以说，像我们这一代，患这种心理病，并没有得到多大的歧视，只是有不同声音存在。现在越来越多的人也知道，有很多伟人（林肯、罗斯福、丘吉尔等）、思想家、科学家、作家、诗人等都得过这个病。还有种说法，说得这个病的人往往比较善良。

我家里人基本都与人为善，只是性子急了一点，但是待人真诚，宁愿自己吃亏点，也要对人家好。这是我家里人的一个显著特征。我大姑，应该是村子里面最能干活的人，一天干到晚，比一般的男人干的活还要多，宁愿自己少赚点也不要得别人便宜。

我小姑，对人很真诚，把我们侄子、外甥当作亲生子女一样对待。前几年忽然发现，她精神上也出了点问题，有点躁郁症状，伴有妄想和幻听。但是正常的时候，她比一般的人都要好，基本都是可控的状态。

再看我姑婆那一支，我姑婆的两个外甥，就是她大女儿的两个儿子，一个是躁郁症，一个是抑郁症。30岁之前就发作过，发现都是比较早的。所幸的是，他们家里还算比较有钱，也基本控制了病情，并且都有挺好的工作。

事实证明，对于抑郁、躁郁症，现在有办法有途径可以治愈，只要稍微重视一点，家庭气氛好一点，我们完全可以治得好，不会影响生活，也不会影响未来发展。像我家兄弟姐妹，个个通过自己努力考上了公务员或者进入了事业单位，事业发展比一般人都还好些，所以患友们及家属也不要过于有压力。

（四）灵魂出窍

古希腊哲学家柏拉图认为，人的灵魂是由理性、意气、欲望三部分组成，理性作为战车的驾驭者，在前进的过程中，不断要驱使"意气"这匹白马，同时还要抑制"欲望"这匹黑马。

抛开现代心理学的理解，抛开基因遗传、强大外力刺激等因素，古代朴素心理学的分析还是有一定的道理的，柏拉图的"灵魂三分说"，一定程度上也印证了我的成长波动。说得直白点，我的灵魂出了问题，自己的理性、意气和欲望没有相互配合好，没有形成智慧、勇气和节制三种德行。

2008年，我通过自己努力考上了公务员，进入了体制内工作，并且在单位里面表现很好。历经省、市、区、乡镇四级机关，横跨南昌到宁波两个地方，可以说工作顺利、婚姻圆满、家庭幸福，家族人都为我的努力感到骄傲，一切似乎都朝着向好的方向发展。"意气"这匹白马，在"理性"的驱使下，突破了重重关卡，取得了战场上的一波胜利。

工作其间，"意气"和"欲望"相互碰撞，我兢兢业业做事，经常熬夜加班，时常写材料到凌晨4点后冲个澡睡觉，到早上7点多又起来上班。其间，"理性"逐渐失去控制，不知不觉中忽视了对心理健康的重视，丝毫没有觉察到躁狂已经在悄无声息地吞噬着我的身心，我逐渐对理财和一些生活细节疏于控制，后来因为负债的恶性循环影响了工作。最终因为工作提拔等影响，导致彻底爆发了抑郁、躁郁症。这是我之前想都不敢想的事情，就感觉灵魂出窍一样，突然之间全家乱成一团。

现在情绪逐渐平稳，也学会了控制，因此能很客观地把当初的感受表达出来，但是在之前一年当中所经历的事情，就是常规躁郁症患友经历过的一样，狂躁、抑郁情绪两个极端不断地转换，对生活对工作造成了极大的影响。

一开始确诊为抑郁后，我主动选择了去医院检查，以便更清楚地知晓自己到底怎么了。当时自己的症状，好的时候很正常，可以整夜不睡觉地学习、工作，但爆发的时候会激惹甚至咆哮，整个人突然控制不住，明显影响到了工作和生活。于是，我请了两个月的长假，准备慢慢地缓解、治疗。但家里人不认为我生病了，他们觉得我更多的是由于工作和负债的原因，才出现了情绪波动。全家人都没有一个正确认识，一定程度上导致了病情加重，持续影响着自己的生活和情绪。

Everything will be fine
躁狂抑郁何时休

后来经过一段时间的调整,特别是我的舅舅和朋友,努力地把我从一个漩涡当中拉出来。一步一个脚印,我自己也慢慢接纳了这个病,并进行了客观分析,也慢慢知道了这是一种"天才病",世界历史上有很多大人物、大作家、大诗人得过这种病。它并非全都是坏事,有时也会促进个人事业上的成功。后来,我逐渐知道了这个病的特征,它会走两个极端,一定程度上会促进自己的事业,但发作后一旦处理不好的话,它会对人生造成致命的伤害。

（五）通透人生

1. 迷茫逃避期。抑郁、躁郁等症状发作，可能就在瞬间出现。虽然之前早有迹象，潜伏在身，但往往不易发觉。症状之初的前后心理状态或痛苦、或压抑、焦虑、或排斥，情绪起伏波动，像天平秤的两端左右摇晃，失去平衡，并会持续一段较长时间。

这个时期的我，对症状的出现往往会既感到心中无措、难以接受，又会得过且过、迷茫焦虑，感觉人生忽然转入了灰暗状态。记得自己在最初的时间里，也是这样怀揣着一颗绝望又死不了的心生活着。这个阶段，也许对痊愈而言表面看没什么实质的意义，但在我看来，它是一个必须会经历的过程。

华为老总任正非，当年他因为工作压力，每月上亿的员工薪水要发放，情绪被堵住，陷入抑郁焦虑状态，导致抑郁症发作。那段时间，他经常不想活，尝试自杀，深陷在负面情绪里无法自拔。后来，在医生的指导、副董事长的陪伴下坚持治疗，特别是在一次偶然的外出游玩中，看到了不一样的人生活法，发现快乐居然那么简单。最后的故事我们都知道了，他走出了内心的困境，不断开拓事业，带领华为创造了一个又一个辉煌。

当然，任正非的成功可能和抑郁发作本身没有决定意义的关联。但我们会清晰地感受到这样一个历程，那就是人在遇到外力刺激陷入抑郁或无故发作陷入躁狂时，需要一些时间和特殊的方式来缓解、释放内心的迷茫、焦虑。

这个时段，我们可能会选择抗拒逃避，可能会选择向外求救，可能会陷入抑郁或躁狂，这样的表现其实是内心的防御机制在起作用。我们一定要告诉自己，这一切都是正常的，现在每走的一步，对以后来说可能都是财富。

朋友们，痛苦、迷茫并非一无是处，这是走上抗躁狂、抑郁之路的开始，意味着自己的生命有了新的东西需要去探索和理解。

2. **接纳抗争期**。经过抗拒斗争、迷茫求救后，我虽然内心还是不太情愿，但逐渐向现实妥协，慢慢选择接受症状发作的事实。我会逐渐开始通过各种渠道了解有关心理障碍的信息；会找亲近的朋友或者心理咨询师寻求排解；也会独自或者在友人的陪伴下去医院检查病情，开始遵医嘱按时服药。但经过一段时间，自己会发现症状还是没有大的改观，好一阵反弹一阵，始终无法回到以前正常的状态。

根据我的经历，这个阶段属于治愈之路的缓冲阶段，比之前进步了些，但还是游离在康复道路之外。相比迷茫阶段，你至少"摸清"了心理障碍的尺度和模样，一定程度上能与它和平相处。其间，我已经大致能"承认"自己有心理障碍了，可又无法完全做到淡然处之，还会经常因有情绪波动导致焦虑无助等。

在清醒的时候，我会努力寻求正确的治疗方案，会大致摸清治疗的方式和途径，能短暂忘记抑郁、躁郁的存在，而转身努力去追求和实现人生的其他目标，让自己的生活始终走在正轨上，甚至可能还有一些小突破。

在发作的时候，我可能会觉得自己毫无价值，可能会感到生不如死，可能会难以启齿，可能会拿抑郁、躁郁、焦虑当作借口……总而言之，其间，我会把负面的情绪无限扩大化，时刻把自己封闭在一个房间里走不出去，如果任由这种状态发作下去，那后续的康复之路会走得很艰辛和漫长。

这个阶段也是一个分水岭，不同的应对方式或者环境，会对治愈效果产生不一样的效果。如果你主观意志力很强，非常努力，能带着症状去面对各类问题，那你最容易在后期康复起来。如果你"破罐子破摔"，那就会产生恶性循环，最后会导致治愈之路遥遥无期。如果原生家庭关系很糟糕，而你又非常在意并怨恨父母，那你可能会强化错误的归因，最终加重病情。

因此，在这个阶段，如果能主动配合治疗，及时心理排解，并能主动带着症状去工作生活，那我们对心理障碍会有更多感悟和了解，就会好得更快些。然后会觉得，再这样消沉下去会不值当，甚至感到比起人生最高追求，这点心理障碍算得了什么呢？

慢慢地，我会对自己的每一次抗争努力和进步，感到满足和自信。特别是人际关系的好转，外界对自己的认可和尊重，等等，将极大地改善你的负面情绪，逐渐对你的康复起到很大的帮助。

3. **通透重塑期**。哲学家苏格拉底曾说："未经审视的人生不值得过。"被心理障碍侵袭的时间里，我的情绪可能经常在冰与火之间艰难爬行，或者像过山车般摇摆不定，时刻被负面情绪与糟糕的躯体症状困扰，甚至会让自己觉得生无可恋。但正是经历了这般生与死的挣扎，才彻底地修正了之前不好的认知、生活习惯等，才会让自己走向更加健康而又有意义的生活。

经过前两个阶段的接纳、搏斗，有一天我情绪突然好了起来，有目标了，也有理想了，对生活有了新的奔头，虽然有时回想一下还是会不舒服，但是至少不那么消沉、悲观了。对于心理障碍患友来说，这可能就是你逐渐在朝有光的地方走出来了。

这个时候的感觉，就像是内心的很多条河流，它们本来是淤塞的，但突然间它们都流通了，流畅地奔向了大海。因为这次经历，我突然透悟开朗起来，会把有些事情看得很开、看得透彻。对工作上一些不合理安排、不正常布置，对生活的一些不公、意外等，会用很平淡的心情去应对，而不会去钻牛角尖而导致自己彻夜难眠了。在生活中，我也会懂得取舍和放下，该是自己的就是自己的，不是自己的也不会刻意去强求。我也会发现，觉得患过心理障碍并不是一件坏事，而是一个考验，是对自己人生认知的重塑，重生的自己会变得越来越强大。当然，这个时候的我已经正常了。

慢慢地我发现，这么复杂的心理障碍都克服了，自己还有什么可怕的，甚至会觉得除了死什么都不怕了，同时也逐渐认识到心理障碍的价值。

康复后，我感到自己的人生境界上升到了一定高度，似乎感觉打通了任督二脉，看透了工作和生活，并能跳出原来的思维模式考虑问题。当然这并不代表你会消极对待人生，更不是躺平，相反在看透生命后，更加热爱这个世界了，也更热爱自己的身体了。

Everything will be fine
躁狂抑郁何时休

治愈的人生是一次重生的人生,最后你会感谢在那一段不堪回首的日子里,坚强地活了下来!

Everything
will be fine ●第二部分
走近抑郁、躁郁症的真相,寻找希望之光

Everything will be fine ■
躁狂抑郁何时休

    当抑郁、躁郁症从灵魂深处跳出来迎面撞击自己时,我整个人瞬间是懵懂的,但求生的本能告诉自己,必须要想尽办法求救。于是,我开始了寻医问诊,学习心理学,考心理咨询师,逐步了解抑郁、躁郁等症状,拼命寻求它们到来的真相,以求实现内心平和,不断地找寻康复的希望之光。

（一）抑郁、躁郁之异同

案例：姚某明，男，40 岁，有段时间因公司项目迟迟没有进展，一度情绪低落、精力下降、不愿交流，一天到晚什么都不想做，不沟通不走动，在家大部分时间都在"躺平"，连吃饭都懒得动手、张口，上班期间经常在办公室呆呆坐一整天。有一天，他跟我说，自己生病了，可能得了抑郁症。

我回复他说，抑郁症不是想得就能得的，你先不要急，即使得了、那也不是什么大事，再说你可能不是抑郁症。然后，我也把抑郁症的特征、解决方式跟他简单作了交流，尽量让他平静下来；但有时我发现，他有轻躁甚至躁狂的表现。

不过说实话，说他抑郁吧，看着也不像：他有时觉得自己毫无价值，没有人生方向，有时又觉得才思敏捷、思维飘逸、口若悬河，自我感觉比别人强多了，激动时甚至会咄咄逼人。被他怼过的朋友和同事忍不住吐槽："你这哪是抑郁症啊！明明还会滔滔不绝、盛气凌人，正常得很啊！"

果然，姚某明治治停停地治疗了一年，终于受不了了，

Everything will be fine ■
躁狂抑郁何时休

最终还是听取了我的建议去上海检查。最后，医生跟他说："你这不是抑郁症，可能是躁郁症。"

患病之前，我对抑郁有所耳闻，但对躁郁却一无所知。两种病名都有"郁"字，最初自己却"傻傻"分不清，如果没有患过这病，那可能一辈子对此也不会深究。即使到现在，无论患友、家属，还是心理咨询师、甚至心理医生，很多时候也会出现错误的判断，并且国内外心理医生的误诊率都非常高。

抑郁和躁郁，当然有相同点，特别是抑郁状时十分相似，几乎雷同。更多情况下，当大家发现自己有抑郁的症状，就断定自己是抑郁症了。可事实上，除了情绪低落、兴趣减退、行动迟缓等抑郁症典型症状以外，如果还有思维飘逸、情绪高涨、异常兴奋、狂躁或暴力倾向的话，就不是单纯的抑郁症，很有可能是躁郁症，而之前表现出来的抑郁状，可理解为双相抑郁。

现在很多人都知道了，躁郁症，也叫作"双相情感障碍"，就是躁狂状态和抑郁状态反复交替出现的一种精神疾病，往往"躁狂"和"抑郁"两种状态会同时在一次发作中出现。顾名思义，躁郁症的临床表现主要分为两大类症状，一类为抑郁症状，另一类为躁狂症状。

总体上讲躁郁症，基本都是在躁和郁这两种情绪上。平稳时，患友思维飘逸、才思敏捷、精力旺盛、执行力强、更富责任感，并带有一些急躁、偏激和勇敢，有时略带一丝忧伤和惆怅，甚至体会不到自己的基因里有躁郁在欲动。发作时，躁狂和抑郁两种情绪得到释放，有时在患友身上停留的时间很长，反应非常强烈；有时情绪转换过快，时间可能也会很短暂，不管是躁或者郁，这样的情绪波动都会给患友带来非常明显并且不舒服的感受。

发作期间，情绪就如同钱塘江大潮一般，一波未平、一波又起。有的浪来得又快又急，有的浪缓慢而又持续地前进。当情绪的浪潮过度席卷而来，超过自己所能抵御的能力时，希望患友能尽快寻求专业医生、家人的帮助，平稳度过每一次的情绪大潮，才是最合理又准确的做法。

根据学术界和医学界相关资料整理，我把抑郁、躁狂两种症状的各6大特点作一次梳理，便于大家了解、掌握：

抑郁发作是以显著而持久的、与现实处境不相称的心境低落为主要临床特征。抑郁症状的具体表现有：

①情绪低，愉悦感缺失，感觉不到快乐，兴奋不起来。

②兴趣弱，对什么事情都提不起精神，即使勉强参加了也不尽兴。

③自我贬，经常会感到自责，觉得自己一无是处。

④精力降，外感憔悴，自觉体力下降，整天会觉得累，毫无冲劲。

⑤行动慢，反应变缓，动作变得木讷，有时会有激越表现，感到心烦意乱。

⑥睡眠难，入睡困难，早醒或睡眠过多。另外，还有食欲改变、性欲改变，等等。

躁狂症状的具体表现有：

①情绪高，主观体验十分愉快，自我感觉良好，每日兴高采烈，而且富有感染力和号召力，容易博得周围人的喝彩和共鸣；同时也会有易激惹的特点。

②思维飘，自觉思维非常敏捷，头脑中的想法接连不断，有时舌头在和思想赛跑，言语跟不上思维的速度，表现出来滔滔不绝、口若悬河。

③精力足，丝毫感觉不到疲惫，整个人好像打了鸡血一样，浑身有使不完的力气，即使一天只休息几个小时也不会说累。严重一点，甚至连续几天都可以不睡觉。

④点子多，超常人想象，活动增多，社交变多，兴趣广泛，会计划很多事情，意志力薄弱的人，做起来往往会虎头蛇尾；意志力较强的人，执行得好可能会创造一番事业。

⑤乱行为，喜欢冒险，做事经常不计后果、孤注一掷，常常进行一些高风险的投资，花钱大手大脚；行为可能会放纵，有时乱性、酗酒、吸毒、飙车等。

⑥虚妄多，部分患友有精神病性症状，有妄想和幻觉，妄想的内容往往与患友的情绪状态一致，以夸大妄想为主，经常坚信自己拥有超能力、正在执行某些特殊的使命，或者名人后代，等等；幻觉主要以听幻觉较为常见，躁狂时一般内容为对自己的肯定或让自己感到愉悦，抑郁时一般觉得旁边的人会害自己或者说自己坏话。

总而言之，关于躁狂、抑郁的简单概括可以为：躁——能量爆裂；郁——无处疏泄。

（二）躁狂、抑郁的"天赋说""七大罪"

案例： 小璐，17 岁，是浙江省某重点中学高三的一名女学生。高三下半学期的一天上午，小璐一个人走在上学路上，忽然对路边的环境感到很排斥，看到旁边的人就感到心烦气躁。伴随而来的是一阵一阵的胸闷，同时感觉全身很沉重，双腿就像被人拖住一样。但陈璐的内心，其实是有雄心壮志的，自己学习做事的方向感也很明确，对未来的生活还是充满憧憬的。

再过几日的某天上午，小璐的心情突然变得一场难受，似乎一下子跌入谷底，整个人感觉很失落、很压抑，好像要塌方一样，做事也变得毫无方向。此后一段时间，小璐的心情都是飘忽不定，但坏情绪占了大部分时间。三个月后症状似乎更加重了，上课时突然感觉断了片一样，老师讲的内容压根听不进去，整个人似乎被人压在水里无法喘气，明显感到有窒息感。她努力尝试平复情绪，稍微有点好转，但情绪似乎不可控，没等一会儿就想马上逃出教室，但又不好跟老师说。回家后，实在受不了痛苦，就跟父母亲沟通想去医院就诊，后来医生诊断陈璐为"抑郁症"，建议以抗抑郁剂治疗。于是她坚持服用了几个月，期间病情有好转，但马上又波动反弹，自己也搞不清到底问题出在哪里？

直至一个多月后的一个晚上开始，小璐突然好像变了一个人，心情变得很好、很开心，思维飘逸，各种奇思妙想不断涌现，有些计划瞬间产生，心想着马上开始做起来；精力充沛，学了数学学英语、学了英语学语文，体育课又能尽情玩跑，一天下来都不觉得累；睡眠逐渐变少，晚上经常学习到凌晨两三点，越学越兴奋，如果不是因为第二天要早起，估计学个通宵都没问题；购物突然增多，自控能力慢慢变差，平时积累的零花钱短短几周就花完了，见到偏好的东西就想买，买了之后放在家里又不用。这样的状态可能会维持几周，但过后情绪又突然变得很糟糕。

后来，小璐的母亲找到我寻问：怎么才会少走弯路，让小孩尽快走出来？我建议她母亲，接受小璐的症状并积极治疗，发作时听取医生的建议吃药；改善一下家庭的沟通方式，为她创造一个没有压力的环境；让小孩自主选择学习方式，有时在学校学不进，那可以回家学习，以缓解情绪波动带来的冲击；情绪波动较大时，也可以找合适人聊天排解缓解压力。最后剩下半个学期不到的时间，小璐通过自己的努力，也顺利地考上了沿海某师范大学，并选择了应用心理学专业。

1. 躁狂发作的"天赋说"和"七大罪"

如何形容人在躁狂或轻躁狂发作时的感受呢?"人逢喜事精神爽""人生得意须尽欢",没错,这两句算是比较形象的概括。尤其在轻躁状态下,患友的"天赋"非常人具有,诸如意气风发、豪情万丈、精力充沛、才思敏捷、敢于突破、勇于创新,等等,这个时候谁又会将自己与"疾病"联系在一起呢?

直到现在,我还坚持认为躁郁中的躁狂或者轻躁狂,带给了自己无与伦比的满足感和优越感,让我在之前的生活和工作中获得了许多意想不到的成绩。但是,这只是它带给自己的其中一面,它的另一面给我的工作、学习和家庭生活带来了难以估量的重创。结合我自己的经历,梳理总结出它的"七大罪":

①殚精竭虑。到单位后,我往往会对新的工作感到新奇并充满期待,一般表现得会相对突出,因此也会承担比较多的任务,包括写材料、协调、后勤甚至联谊等。总之一直忙个不停,一天经常休息3个小时不到,有时甚至整晚不睡觉,但丝毫感觉不到累。经过几年的努力,我确实取得了不少成绩,受奖提拔一样不落,但后来发现自己的自制力逐渐下降,精力也似乎在日月式微,最后逐渐对工作和进步感到厌倦、甚至提不起兴趣……

Everything will be fine
躁狂抑郁何时休

②超脱现实。记得还是初三的时候，由于学校换了校长，并流失了一批好的教师，突然有一天我对爸妈提出要转学，希望转到镇重点初中。当时我的成绩始终在全校前三，初三关键时段选择去一个陌生环境，面临未知的东西实在不少，可我一意孤行，坚持去追求自己的理想。家人都感到很震惊，纷纷劝我好好考虑。但我对大人们的分析全然不顾，并讲出了自己的理由：现在的学校教师水平太差，会影响自己的进步，因此我要转学，只要去好的学校，自己就能实现梦想……最后通过各种努力转学成功了，但自己中考却一败涂地。

③电闪雷鸣。由于从小受母亲温顺的性格影响，在生活、学习中我大体上能平和待人、冷静处事。但高中踢球时，我会变得十分"易激惹"，一旦同学丢球或表现不好，就会埋怨队友，甚至恶语相向；发现自己遭到了其他人的批评后，往往会选择尽力反击，而不会包容处置，甚至造成对立的局面；在一次被断球的过程中，我曾从背后狠狠地用脚踢向了对手的臀部，导致对方摔倒到地，划破了脸，遂与他发生了激烈的肢体冲突……

④孤注一掷。大学毕业后，我曾是中国500强企业的一名员工，工作干了将近一年，表现也不错，而且单位的待遇总体也挺好。期间一次偶然的机会，我参加了公务员考试进了面试，最后环节被刷了下来。本来就是一次正常的尝试，但我接受不了这样的事实，又感觉自己的生活不能这样下去了，于是我不顾家人反对，坚决辞掉工作，闭门准备考试。

当时父母亲为此操碎了心,养了这么多年的儿子却还这么任性,家庭的压力无人分担,更何况这种低概率的回报同样也可能带来风险。

⑤歇斯底里。大学时,我原有一位对自己非常好的女友,但自己忙于学生会、自考等,逐渐对女友的关心越来越少,甚至为了前途产生"女人无所谓"的念头。后来,女友在另一名校友的强烈攻势下,逐渐对我失去信心并选择分手,最后两个人分道扬镳。可是没过多久,我又会非常后悔,坚决想挽回,歇斯底里地采取各种方式表白心迹,甚至为了她不远千里去追寻……事实证明,躁狂时带给自己的往往是假象,而情绪不稳是客观存在,自然很难维持一段长久的亲密关系。

⑥劳命伤财。平时我经常呼朋唤友,乐于组局招呼大伙儿一起小聚,无形中的开支始终存在。但在财务开支上还算比较谨慎,不玩股票、不赌博,只是偶尔买点彩票,生活也比较简朴低调。可自从躁郁发作后,我变得"大手大脚",盲目开支,花钱就像抽烟一样一根一根花出去,生活更是十分奢侈,随便吃一顿饭就是3000-4000元甚至过万元……结果,整个人负债累累。

⑦节外生枝。根据我接触到患友情况分析,躁狂或轻躁狂状态下的患友,更容易发生婚外的性行为,从而更有可能影响婚姻和感情生活;更容易激情行为,从而更有可能发生破坏局面;更容易沾染赌博、网赌,不由自主地下注,从

而更可能形成"赌瘾";更容易为主播刷钱、刷礼物,几十万、几百万随手就出去了……总之,这个症状发作就如同喝醉了酒一样,感觉"很嗨",但可能将会给自己或者家人制造很多麻烦。

2. 抑郁发作的"内耗伤"和"价值说"

抑郁发作时是痛苦的,反刍思维占据着整个人的大脑,懊悔、压抑、悲观、自责等情绪无处安放,精神内耗压着整个人透不过气来。但是,抑郁并不是一文不值,对于人类的心理而言,任何情绪都会有它的益处,抑郁也是如此。在它来临的前、中、后期,每个阶段都有不一样的价值。

Ψ 纠错,做回真正的自我。抑郁来临,它会提醒患友,心理和身体引起病变了。患友的追求完美、极高期待、过度包容,全然是活给了别人,包括父母、领导、朋友等,想让别人认可、评价,这种不该有的"假象"挤破了患友内心的极限,让其饱受自责、懊悔、纠结。因此,是时候纠正这种不良的思维和生活方式了,应该重建新的价值观和世界观,从而来抵御那个"假象"引起的外界压力和创伤,以便于找回真正的自我,更好地保护自己。

Ψ 愈合,发现人生的价值。跟大部分精神障碍一样,抑郁的本质亦是冲突，与环境、社会冲突，与自我冲突。患友的完美主义告诉自己，只有朝着跟环境、社会匹配的方向发展时，才会感到舒适和愉快，否则就会压抑、痛苦、不安。比如要对社会高度负责、要对家庭承担重任、要对工作高标准完成等等，一旦落实不到位，患友就会郁郁不得志，甚至感到没有安全感。抑郁中的人，已完全被它们绑架，永远都在寻求"安全感"而疲于奔命。殊不知"人除了生死其他都是小事"，真正的安全感，只能来自个人的灵魂和躯体。只要人的灵魂和躯体还在，那现在、未来都还是由自己说了算，其他任何人、任何事都无权约束。

Ψ 回归，学会设立边界。抑郁发作时，情绪向外释放的道路彻底淤堵，人始终向内斗争，直接表现为强烈的自我攻击，到了无处疏泄时才彻底爆发，直至伤及自己和家人。抑郁的情绪，涵盖压抑、懊悔、自责等，这是一个不断累积的过程，需要找到疏泄的路径方可缓解。抑郁后，往往会发现，自己曾经是多么地荒唐，尤其是对自我的攻击，完全可以通过攻击外界甚至是愤怒的情绪，来实现自我情绪的平衡。同时，当自己以后面对同样的创伤，心理就会产生抗体，学会了和"有毒"的人、"不对"的事设立界限，自己的心智和经验会明显得到提升和改善。

（三）躁狂抑郁人生

案例：文根，36岁，是一名"富三代"，他爷爷、母亲都是当地有名的企业家，而自己也独立在操盘一个公司，经过几年的努力，事业发展蒸蒸日上。平时，他在财务开支方面一向比较谨慎，吃穿方面也比较简单朴素，从不参与炒股、赌博，甚至打牌都不会。

可不知道什么时候开始，文根突然变得"热情好客"，动辄几十万的钱捐了出去，而且盲目投资，光在买"木雕"上就花了几百万，生活也变得十分奢侈，随便一顿饭就是约朋友一起上万甚至更多……短短几年时间公司运营逐渐发生困难，导致自己压力日趋加大，情绪慢慢失控。

事实上,躁郁症状出现时,特别是轻躁状的时候,往往自己都感觉不到,跟正常人几乎没什么区别,绝大部分人都是当出现抑郁状时才去医院就诊。很多时候患友把躁狂或轻躁发作误认为是其性格特征,自称"我从小就这样啊"。而到医生那里,也往往以抑郁症确认,却忽视了躁狂的一面。这也是造成躁郁症误诊率高的重要原因。

这种感受只有经历过,才会深刻体会。其实我的躯体里一直伴有轻躁状,某种程度上推动了事业的发展,前35年是利大于弊的,但往往就是轻躁的缺点也在悄无声息地侵袭,症状全面发作终究会到来,一次进攻就足以击垮自己。

俗话说"春风得意马蹄急""闻声起舞精神佳"。人生一世,总有一些值得自己开心的时刻。而处于躁狂或者轻躁状的躁郁患友,也同样会体验到那种"令人陶醉""欣喜若狂""幸福快乐"的感觉。许多躁狂或者轻躁状发作的患友,很少会主动就医,甚至感觉不到有什么问题,尤其在轻躁状态下,患友激情澎湃、豪情万丈、意气风发、自信满满、精力充沛、才思敏捷。这个时候,谁又会将他与"疾病"联系在一起呢?更多的人不会知道,那种"快乐"其实是在透支着将来的幸福,"乐极"的尽头就是"大悲"。

在人生道路上,每个人都会碰到各种各样的挑战和压力,如若占据了天时地利人和,那可能走得就会顺畅些;但没有谁的人生会一帆风顺,总会出现磕磕绊绊。当各种压力、矛盾和危机不断冲击的情况下，任何人都可能抵挡不住情绪动荡带来的伤害，进而罹患抑郁、躁郁症等。

无数案例佐证，不论是多么厉害的天才，还是多么出色的英雄，只要患上抑郁、躁郁症等，都会背负沉重的心理压力。在与其斗争的过程中，有的胜利了，有的失败了。胜利的，能脱胎换骨、浴火重生，比如林肯、丘吉尔、牛顿、达尔文、托尔斯泰，他们都能战胜情绪波动，相对圆满地走完自己的人生；失败的，能痛苦终生、命丧黄泉，比如梵高、海明威、伍尔芙、莫泊桑、川端康成、海子、顾城等，都是因为抑郁、躁郁症等发作而结束自己的天才人生。

丘吉尔曾说过，"心中的抑郁就像条黑狗，一有机会就咬住我不放……要是严重的征象已经持续数周，而且还有自杀念头，赶快去看医生。"这说明当抑郁严重时，靠自己的意志力有时可能已不足以打败它，需要外力的支援才行。当然，他也没有束手就擒，而是与抑郁正面交锋。最终，丘吉尔用事实亲口告诉大家：抑郁可以战胜，绝望可以战胜。

2022年11月，美国歌手"侃爷"——坎耶·韦斯特又一次公开表示要竞选美国总统了。侃爷是公开的躁郁症患友，他曾在公众场合发表过激言论和举动，一定程度上影响了他的工作和生活，但却丝毫不影响他的事业发展。他曾说，"我感觉自己很受上天庇佑，因为其他任何有心理疾病的人都不能让你觉得如此棒，只有我能做到。我觉得这并不是一种缺陷,而是一种超能力。"天才和疯子往往就在一念之间转变,也许躁郁症患友更能体会这样的感受。

正如前文所述,抑郁发作是可以带来价值的;躁狂发作是可以给人天赋的。如果平衡住躁狂、抑郁两种情绪的波动,有效发挥它们的优势,那么每个患友的人生将会变得更加好,并且这种可能是非常令人期待的。马斯克曾说,自己就是一名躁郁症患友,"现实是伟大的高潮、可怕的低谷和无情的压力。""伟大的高潮"带给了他美好的想象力和创新力,一定程度上造就了马斯克的事业。任正非也曾说过,自己是一名抑郁症患友(有待商榷,更可能是躁郁症患友),他能带领华为团队在世界生意场上披风斩浪,一定程度上是源于其强大的意志力和自带的精神特质在支撑。历史上有太多的例子证明,抑郁和躁狂特质的人可以创造推动世界进步发展的成就。

当然,无数的事实也说明了,抑郁、躁郁症患友会带来各种危及生命的伤害。上文所述的名人们,他们在某一方面确实很强,但当躁狂、抑郁两种情绪失去平衡后,没有得到及时有效的心理排解和治疗,往往是很难控制自己,最终导致各种悲剧的发生。这样的例子屡见不鲜。也出现了"谈郁(躁)色变"的现象,有人觉得这种症状是好不了的,是预防不了的,不由得让人对躁狂和抑郁感到可怕。因此,很多医生建议,抑郁也好、躁郁也罢,比较严重并且顽固的症状要长期服药,以免情绪发生波动导致复发。

Everything will be fine
躁狂抑郁何时休

人生路是漫长的。在人生路上会有各种可能出现，更多情况下是不可预见的，我们不能因为躁狂、抑郁带给人的伤害，而将其缺点无限扩大。它们的弱势，的确要消除；但它们的优势，事实也存在。如果全面消除这种优势，那每个人是不是缺了想象力和胆魄力，那么整个社会的创新力、创造力是不是会下降呢？

与其彻底否定躁狂和抑郁，还不如让我们预防和学会两种情绪的平衡，掌握一些心理学的技巧，发挥抑郁和躁狂的优势，抑制住它们的弱势，从而在工作和生活当中尽情地展现自我，实现事业上的成功。

拥有躁狂、抑郁的人生是精彩的，它有悲剧、也有喜剧。作为患友或者家属来说，尽量努力减少悲剧，演出更多的喜剧，培养出更多的天才，才是大伙儿共同要努力的事情。

（四）为什么会发生在自己身上

案例：在我的直播间，有这样一位来自安徽的女生叶小瑛，曾含着泪说出了她家的故事：

"我从小就生活在一个失去关爱的家庭，家有父母，有两个姐姐，其中一个姐姐和自己是双胞胎。爸爸性情急躁，常年喝酒，心有不爽就骂妈妈，在我的印象中，自己的成长就一直在父母的吵闹中度过。妈妈跟外婆一样，人善良而又内敛，习惯把苦闷憋在心里，晚上经常一个人流眼泪，后来被诊断出抑郁症。

在我10岁那年，因为家中琐事引发，激活了妈妈的抑郁症状，她从15楼一跃而下，离开了人世，留下了我们三个姐妹，这也为整个家庭带来了伤痛的阴影。然而，妈妈的去世，也没让爸爸意识到自己的错误，他从不反思自己的行为，反而每天以酒相伴，经常骂家人。

过了三年，比我大4岁的姐姐，在她上高三时，患上了躁郁症。后来休学在家治疗，情绪好一阵坏一阵。我和双胞胎姐姐陪着她，希望大姐能早日好起来，因为她成绩优异、又担当活泼，我们都把她当作榜样，她也是全家的希望。但让全家人崩溃的是，有一天早上，等我醒来时，却被告知大姐去世了，刚被人从河里捞上来。后来，家人在她的床上发现了遗书，大姐跟妈妈一样，选择了自杀。

  从那时开始，我一直在想，为什么妈妈和大姐会离开我们，她们怎么舍得丢下我跟双胞胎姐姐呢？后来，我逐渐知晓，除了父亲的因素，心理疾病的发作也是妈妈和大姐自杀的重要原因。又过了几年，我和双胞胎姐姐成年了，刚满18岁，高中刚毕业，努力并逐渐从伤痛的阴影中走出来。但是，双胞胎姐姐在和爸爸的一次争吵中，突然变得异常激动，她情绪完全失去控制，在我面前从窗户跳了下去……

  每每想到这些事，我经常在想为什么会这样？为什么我的家人都会患上病？想到这些，我就会情不自禁地掉眼泪。面对最亲的人相继离世，实在是无法接受。哪怕到现在，自己还是无法真正释怀，但又无法改变什么。因为我知道，自己也是抑郁症患友，我能做到的就是努力活下去。"

第二部分 走近抑郁、躁郁症的真相，寻找希望之光

"**怎**么会患上抑郁症或者躁郁症呢"，对这个疑问，每个人一开始肯定不会去寻问，因为最初压根不了解是什么个情况。当感到不对劲的时候，患友才会想着去找心理医生、找心理专家问诊——"到底我是怎么了？"当时我也确是因为抑郁状发作才去治疗，医生一开始把自己诊断为抑郁症。后来躁狂发作后，觉得自己情绪又有点不对劲，于是又找医生去诊断了。

有了情绪障碍后，我跟大部分患友的心境应该是相同的，会在两种极端状态下反复的交替，一段时间躁狂或者轻躁，一段时间陷入抑郁。跟很多患友一样，患了躁郁症后，突然觉得自己从一个思维飘逸、精力充沛、意志坚定、自信满满的战士，秒变为一个目光呆滞、悲观沮丧、反复无常、毫无斗志的失败者。

躁狂、抑郁为什么会发生在自己身上？我一直很困惑。是不是跟家族遗传有关？是不是跟应激事件有关？是不是跟大脑用力过度有关？为了搞清楚发作的源头，我曾查阅过很多资料，线上线下都花了不少时间，目前来说方向越来越清晰。虽然按照相关研究表明，抑郁、躁郁症原因还不明，但结合我的经历，感觉自己的发作可能与遗传、外力刺激等因素相关。

Ψ 我的发作具有明显的家族遗传倾向。 前文已叙述，关于抑郁、躁郁等心理障碍，我家的遗传现象较为典型。爷爷、

姑婆（爷爷的妹妹）及其两个外甥、我姑妈等都有不同程度的心理障碍，家族是有遗传因素并有聚集倾向，而且发病年龄逐渐提前。毫无疑问，我是自带躁郁，生下来就赋予了躁郁气质，继承了家族基因。但由于医学发展和对心理疾病的接纳程度增加，家族每个人症状程度总体可控，目前我们都已康复并拥有了很好的生活。

Ψ 发作是因为应激事件、理财失败等因素，持续的压力积累引发症状。 虽然我遗传了躁郁基因，但症状并不是一定会发作。火山的爆发需要外部环境点燃，自己的躁狂、抑郁情绪失去平衡，也是因为事件应激创伤导致，负债、工作提拔等冲击在一起，最后激活潜在基因彻底爆发。在这个之前我一直认为自己的意志力挺强，觉得比一般的同龄人要强，但事实证明，当创伤和基因因素交织一起冲击自己时，所谓的意志力作用非常有限，就像丘吉尔说的"面对黑狗，有时靠自己努力没有什么用"。这一条因素，我也可以印证。

Ψ 发作后，大脑神经递质分泌不平衡和神经免疫功能紊乱。 现代医生研究表明，这是科学！为了弄清楚这个，我专门去医院做 ra 脑神经递质检测系统检测，发现自己的 5-羟色胺、去甲肾上腺素、多巴胺等神经递质跟正常人有所差异，这从一定程度上说明神经递质的因素是存在的。但是我始终有个困惑，到底是神经递质分泌不平衡导致了应激事件、理财失败等情况的发生，还是应激事件、理财失败等情况倒逼着大脑神经递质发生变化？这个可能是相互的。我觉得弄懂这个对于药物治疗会有启示意义。

得了躁郁，意味着躁狂和抑郁间的"吵闹"将会折腾着你的人生，它可能会给你的生活带来压力，会给你的心理带来创伤，会给你的事业带来破坏，但它不会摧毁你的整个人生。别人的生活何尝不曾披星戴月？别人的心理何尝不曾翻江倒海？别人的事业何尝不曾如履薄冰？不管是生活、还是事业，大家都是快与乐共存、且行且珍惜，这个本来就是人生的常态。

而躁郁带给你的，不仅仅是失去和失落，它还可以带给你积极的东西，抑郁和躁狂在某种程度上来说是有潜在优势的，它可以给人带来冷静、灵感、冲劲和勇气，只要我们抑制它的缺点、发挥它的优势，是可以推动你的人生健康发展。特别是康复后的你，看待人生会更加通透和理性，你会用更平和的心态来看待各种得失，你会站在不同的维度看待不一样的世界。

近年来我看了很多书，研究心理学，深究抑郁、躁郁症，我是为了治愈自己疗愈他人，为了给家族正名，为了给整个抑郁、躁郁群体正名，我想告诉所有人，抑郁、躁郁症是一种病，但只是普通的病，优缺点明显，是可以治疗并能康复的，但不妨碍人成才和生活。

（五）抑郁、躁郁症的筛查小工具（仅供参考）

1. 用于抑郁症筛查的量表

抑郁自评量表（SDS），它是一种能够反映患友主观抑郁症状的自评量表。该量表已广泛应用于门诊对病人的筛查以及患友的自测。回答20个问题中属于"持续、经常、有时、无或偶尔"这四种情况中的一种，得出相应的分数；其中10个为正向评分，10个为反向评分。

若为正向评分题，依次评为1、2、3、4分；反向评分题则评为4、3、2、1。待评定结束后，把20个项目中的各项分数相加，即得总分，然后将总分乘以1.25以后取整数部分，就得标准分。

按照中国常模结果，SDS标准分的分界值为53分，其中53–62分为轻度抑郁，63–72分为中度抑郁，73分以上为重度抑郁。

抑郁自评量表（SDS）					
	实际感觉 （带 ★ 为反向评分题）	无、偶尔	有时	经常	持续
1	我觉得闷闷不乐，情绪低沉	1	2	3	4
2	我觉得一天中早晨最好 ★	4	3	2	1
3	一阵阵哭出来或觉得想哭	1	2	3	4
4	我晚上睡眠不好	1	2	3	4
5	我吃得跟平常一样多 ★	4	3	2	1
6	我与异性密切接触时和以往一样感到愉快 ★	4	3	2	1
7	我发觉我的体重在下降	1	2	3	4
8	我有便秘的苦恼	1	2	3	4
9	心跳比平常快	1	2	3	4
10	我无缘无故地感到疲乏	1	2	3	4
11	我的头脑和平常一样清楚 ★	4	3	2	1
12	我觉得经常做的事情并没有困难 ★	4	3	2	1
13	我觉得不安而平静不下来	1	2	3	4
14	我对未来抱有希望 ★	4	3	2	1
15	我比平常容易生气激动	1	2	3	4
16	我觉得做出决定是容易的 ★	4	3	2	1
17	我觉得自己是个有用的人，有人需要我 ★	4	3	2	1

18	我的生活过得很有意思★	4	3	2	1
19	我认为如果我死了，别人会生活得更好	1	2	3	4
20	平常感兴趣的事我仍然感兴趣★	4	3	2	1

2. 用于躁郁症筛查的调查问卷

目前国际上比较常用的用于躁郁症筛查的调查问卷主要有两个，一个是心境障碍调查问卷（MDQ）；另一个是32项轻躁狂症状清单（HCL—32）。

①心境障碍调查问卷 MDQ

心境障碍调查问卷			
请您回忆是否曾经有段时间感觉自己跟平时不一样，且在那段时间里有下列表现		是	否
1	您感到非常好或非常兴奋，但别人觉得您有点不正常；或者由于太兴奋导致您惹来麻烦？		
2	您容易发脾气，经常大声指责别人、或与别人争吵或打架？		
3	您比以往更自信？		
4	您睡觉比平时少，而且也不想睡？		
5	您话比平时多，或讲话的速度比平时快？		
6	您觉得脑子灵活、反应比平时快，或难以减慢您的思维？		
7	您很容易被周围的事物干扰，以致不能集中注意力？		
8	您的精力比平时好？		

9	您比平时积极主动,或比平时做了更多的事情,如变得乐于助人、爱管闲事?		
10	请您回忆是否曾经有段时间感觉自己跟平时不一样,且在那段时间里有下列表现		
11	您的性欲比平时强?		
12	您做了一些平时不会做的事情,别人认为那些事情有些过分、愚蠢或冒险?		
13	您花钱太多,使自己或家庭陷入困境?		

MDQ 问卷选择"是"计 1 分,根据有关资料显示,不同国家和地区筛查的临界值有差异。一般情况下,如果患友有抑郁发作,且当量表得分 ≥ 7,那则被视为筛查阳性,须接受针对躁郁症的全面评估。

② 32 项轻躁狂症状清单(HCL—32)

32 项轻躁狂症状清单		
每个人在一生的不同时期都会体验到精力、活力及情绪上的变化或波动("高涨"与"低落"),请回忆您处于心境"高涨"状态时的感觉:	是	否
1	您的睡眠比平时少		
2	您感觉比平时精力更充沛或者活动增多		
3	您比平时更自信、自我评价增高		
4	您比平时更加喜欢学习或工作		
5	您社交活动增多		
6	您想去旅行,而且旅行的次数的确比平时多		
7	您开车比平时快或开车不顾危险		
8	您花钱比平时多或者疯狂购物		
9	在日常生活中您比平时更冒险		

10	您活动量比平时明显增加（如体育活动等）		
11	您有更多的打算或计划做更多的事		
12	您有更多的点子或比平常更具有创造力		
13	您变得不害羞、不胆怯		
14	您会穿颜色更鲜艳的衣服或打扮更时髦		
15	您想和更多的人接触或者的确接触了更多的人		
16	您的性欲增强或性幻想增多		
17	您比平常更喜欢和异性聊天或者性活动比平时多		
18	您比平时更健谈或语速更快、说话声音更高		
19	您比平时思维更加敏捷		
20	您讲话时会开更多的玩笑或说更多双关语		
21	您比平时更容易分心		
22	您比平时更多地尝试各种新事物		
23	您的思绪经常从一个话题跳到另一个话题		
24	您做事比平时快或觉得更顺手		
25	您比平时更加没有耐心或更容易生气		
26	您令别人疲惫不堪或更容易对别人发怒		
27	您与他人的争吵增多		
28	您的情绪变的高涨、比平常更乐观		
29	您喝咖啡或其他含咖啡因的饮料比平时多		
30	您抽烟比平时多		
31	您喝酒比平时多		

| 32 | 您比平时服用更多的精神药品（指直接对中枢神经系统起兴奋或抑制作用的药品，如镇静剂、抗焦虑药、兴奋剂等） | | |

根据有关资料显示，将本量表32个题目中选择"是"的项目相加，如果≥14项，提示有轻躁狂或躁狂发作的可能性，建议作躁郁症的相关筛查、诊断和治疗。

Everything
will be fine ●第三部分
寻问 N 个怎么办，等待黎明破晓

在治愈前后，我和很多患友及家属建立起了联系，接触到了大量的鲜活案例，发现他（她）们都曾困惑、伤痛、失望、无助过。特别在治疗和陪伴的过程中，患友和家属都提出过无数个"怎么办"，这对于曾患抑郁、躁郁的自己来说又何尝不是呢？基于此，我努力将大家的各种感受和疑问融入自身体验当中，和大家一道探索揣摩治疗的路径和方法，用心掌握平衡情绪的技巧，以求实现自我救赎，静静地等待着痊愈的钟声。

Everything will be fine
躁狂抑郁何时休

（一）嘿！它们初来乍到啦

案例：小圆，女，35岁，曾是一家上市公司的人事总监，后又独立创办过企业，从小到大都表现优异，自信、勇敢，长相气质较为出众，属于"别人家的孩子"。25岁时靠自己努力在苏州买房，28岁时结婚生子，正当生活步入正轨时，工作的压力悄无声息地到来，时而发脾气、时而悄悄哭泣，有时甚至不节制地花钱，这样的状态持续了2-3年。

后来，她因为企业资金链问题，经常睡不好觉，有时莫名地对下属发火，回到家一言不合就躲进房间，谁都不想理会。有一次，公司有个项目出现了意外，客户损失非常大遂要求赔偿损失，这对小圆和团队来说无疑是雪上加霜。勉强解决当天的事情后，她回到家，饭也没有吃，又躲进房间里。直到第二天，她都没有下床，明显感觉到心怦怦跳，心慌、怕光，把电话都关机了，不想任何人打扰。丈夫觉得情况不对劲后，马上帮她处理了单位的事情，并为其请了一周的假。

在家人的关爱照顾下，从小好强的她，逐渐意识到自己可能有了心理问题。于是在丈夫的陪伴下，一起去看了医生，通过一段时间的观察和试药，医生给出的初步建议是：抑郁为主的心境障碍，可能是躁郁症，需要进一步观察。

　　回到家后的小圆，感觉松了一口气，觉得自己真的生病了，但又多了一丝顾虑，到底该怎么办？让客户、员工知道了，会不会被他们指指点点？公司的资金漏洞会不会越来越大？自己以后该如何是好……

Everything will be fine
躁狂抑郁何时休

黑格尔曾说，人要经历一个不幸的抑郁症的或自我崩溃阶段。在本质上，这是一个昏暗的收缩点。每一个人都要经历这个转折点，他（她）要通过这一个关卡，才能到达安全的境地，从而相信自己，确信一个更内在、更高贵的生活。面对抑郁、躁郁症的突袭，当然要沉着冷静、积极面对，一点都不要怕，也不要忌讳，这是一个刮骨疗伤、找回自我、提升境界的过程，在这个初始阶段，及时接纳、设立界限、向外求救、接受治疗就显得关键，这样有助于你走出困境，找回真实的自己。

Ψ 丢掉羞耻心，接纳它们吧！ 由于整个社会环境影响、从小教育缺失等因素，大众对心理疾病的认识始终处于比较模糊的状态。患病后，有些人会责备自己为什么不能"重新振作起来"；别人往往也觉得抑郁、躁郁仅仅"藏在你的心里"，觉得"你就是想多了""抗压力差"，所以你需要让自己强大就可以好转了。但事实真的如此吗？当然不是。请记住，抑郁、躁郁症是一种病，它跟高血压、糖尿病、肥胖症等躯体疾病一样，是一种心理疾病，它只是大脑神经系统短路而已。人非金刚之躯，内脏、腿、胳膊都可以出毛病，脑部为何不可以？况且，这不是我们的品德问题，没必要为此感到羞耻。

还有一个好消息就是，大部分抑郁、躁郁症是通过有效治疗痊愈的，短至几个月、长至几年，它们可能就会离你而去。因此，大家应该像接纳感冒、发烧等一样去接纳它，然后该怎么接受预防、治疗就怎么接受预防、治疗。这方面可能跟从小受到的教育或者环境有关系，有些人好面子、有些人内向，我最初这方面还好，觉得患上抑郁、躁郁症没什么难以启齿的，这一关比较好过，但是在与患友及其家属的交流过程中，很多人非常忌讳这一点。

Ψ别太累了，快设立界限！ 在患病初期，人的内心是崩溃的、挣扎的、无助的，想要及时平复心情、稳定情绪、找到依靠，自然需要一个宽松的空间和良好的人际关系。不是所有的工作关系都是和睦的，不是所有的人都充满爱和关心，要学会和"有毒"的人设立界限，对"不对"的人及时分清你我，毫不犹豫地拒绝他们的想法。都说抑郁、躁郁的人都比较善良，那更要学会与"不善良"的人说"抱歉"，这个对病情康复有很大的保护作用。

如果需要跟别人设立界限，那自然就要考虑到以前的认知和生活方式是不是存在偏差。之前为人处事是不是太热情？做事是不是太固执？工作上是不是太追求完美？生活上是不是太自我为中心？……如果能发现这些问题，那就可以考虑及时调整了。可能就是因为平时的这些想法和行动，才导致了自己后来情绪的波动。也许本来也没有错，错在处事、做事的对象可能存在问题，让彼此之间有矛盾而产生内心波动。所以，认知的调整没有绝对的对或者错，只有认为合适的那就是好的，只有这样才会心平气和。

Ψ 向外求救吧，接受治疗不丢人！生病了，就去接受治疗，这个常识是从小父母、老师教导我们的。丘吉尔曾说，仅靠自己的意志力有时难以抵抗发病时的压力，必须要向外求救。连历经二战的一国首相，他都能向抑郁低头并向外求救，作为普通人，我们又有什么不好面对外围救助的呢？现在医学发达，社会包容度增强，大家完全可以向医院、心理咨询机构、朋友甚至家人求救。当然，接受外围帮助的同时，也要接受别人的理解，因为社会和个体接受新生事物需要时间，接受抑郁、躁郁症也需要时间，别人更多的是一种认知缺失，我们比他们走在了前面，对这个症状有了先行体会，所以别跟他们较真，不理睬就是了。

那么，如何寻求帮助呢？在这个过程中，我深刻体会到需要注意"四个不要"，即不要理会"神论，你就是想多了，时间长了就会好"；不要理会"神断，你永远也不会好"；不要理会"神药，祖传秘方、灵丹妙药"；不要理会"神医、神奇疗法、奇功异术"。目前，大部分的书籍基本都会指导患友怎么治疗，所以治疗的内在逻辑是清晰的。只要结合自身实际，逐步熟悉、了解康复的路径，对药物治疗、家庭治疗、心理排解、认知调整等进行合理的判断和尝试，选择最适合自己的治疗方式，坚持用时间消化内耗、用空间转移注意力，那就完全可以逐步带着症状回归正常的工作和生活！

〖心灵鸡汤〗生命是我自己的东西,所以我不妨大步走去,向着我自以为可以走去的路,即使面前是深渊、荆棘、峡谷、火坑,都由我自己负责。——鲁迅

（二）快来呀！一起打开心理治疗的门

案例：小文，15岁高中一年级时，因学习、家庭等因素患病，还暴饮暴食，体重增加了30斤，记忆力、反应力、思维能力都变差，不得不休学。

病发初期，父母一直以为，小文学习成绩下降、不想上学都是因为青春期叛逆导致。后来，看到孩子开始伤害自己，发现事情不对，这才带孩子去医院问诊。

为了给孩子看病，父母带着她去了很多地方，有时听别人说，西医不好，药吃下去会变傻；有时听别人说，那个心理咨询师非常厉害，但咨询一个周期后又没什么起色。一年多下来，总体效果都不是很好，基本没有找到明确的治疗路径。

为此，父母和小文都非常着急，到底怎么治疗才好呢？

心理疾病的治愈过程是需要消磨的，既需要时间、又需要环境，还需要自己努力，里面涉及很多解决路径。它既有一定的内在逻辑，又可能显得毫无章法。但抑郁、躁郁症是可以康复的，这是肯定的、毫无疑问的。对于大多数人来说，是可以通过有效治疗痊愈的。大多接受治疗的患友都好转了，而且和没有接受治疗的患友相比，他们好转的速度快多了。

根据美国兰德·凯勒提出，第一次患上抑郁症同时并没有接受治疗的人平均可能会抑郁8-12个月，但如果接受治疗的话，他们8个星期就可以看到很大的改善。如果一定要问我是怎么好的，那自己的回答始终是，这是药物、家庭、心理排解、自救等"四位一体"综合作用的结果。

至于这四者之间，到底哪个起的作用大？比例如何？那我很难回答，毕竟每个人情况不同。就个人而言，自己复盘了很久，到底是医生起的作用大？是心理咨询师的作用大？还是原生家庭的帮助大？还是朋友的作用明显？还是自己的作用最关键？很难给出最合理的建议。结合自己的经历，作用的大致比例还是清晰的，原生家庭改善和朋友排解≈自救＞医生、药物＞心理咨询，但这仅适用于我个人。

当然，每个人症状不同，所处环境不同，因此感受也会不同，我的比例分配只是基于个人康复经历的体会，不属于决定性建议。

Ψ **嗯啊，心理排解就像按摩**。说句实在话，我很看重心理咨询，想找到一个好的心理咨询师。治疗期间，自己也尝试过几次心理咨询，但总体感觉还是效果一般，可能因为没有找到更好的咨询师吧。心理咨询感觉像身体按摩，按摩得好会让人很舒服，但过几天情绪还是会波动反弹，似乎只能起到一个缓解作用，并不能从根本上解决问题。就比如一个人颈肩不舒服了，去找技师按摩，按摩后当晚或第二天、第三天会舒服放松，但过几天颈肩还跟以前一样出现症状。当然，优秀的心理咨询师可能会抓住命脉，能从根源上调整患友的认知，进而改变病情。但很遗憾我没有找到，自己在这方面基本属于自学成长，主要通过看书学习反思获取，并且逐渐在获得更大的进步。

Ψ **没错，药物治疗非常关键**。对药物的理解，我更倾向于它能控制病情，逐步调整大脑神经递质的分泌，个人觉得是必要的，接受治疗后有时必须靠药物压制。在正确诊断的前提下，药物治疗一定要遵医嘱吃药，千万不可以擅自停药！经常看到很多患友擅自停药说要自愈，这是很不负责任的行为！药物副作用确实会难受，但是服用一段时间后会适应，急性期治疗得越充分，以后复发概率越小，药会帮助大脑神经细胞的恢复。

Ψ **呕吼，外力支援是助力剂**。在整个治疗过程中，家人和朋友的帮忙，很大程度上缓解了自己病情的恶化。当然，这有一个正、反作用的问题，处理不好就会朝负能量方向发展，特别是父母亲、兄弟姐妹，有时不理解，做不好陪伴，那只能越来越糟糕。无数的案例可以看出，太多家庭没有意识到这个问题，父母和患友之间、兄弟姐妹和患友之间、夫妻之间等，各种矛盾层出不穷，不断加剧着患友的病情恶化。庆幸的是，这个环节，在我跟家人纠缠了大半年后，最后自己接受的作用总体是正向的。因此，为了患友尽快康复，希望原生家庭的成员作出改变，尽量发挥出积极作用。

Ψ 加油，自己努力务必坚持。无论前面的作用如何正向，治愈的落脚点还是在自己身上，它们的作用是推动人往好的方向走，但最终的路还是需要自己去走，自己不动的话，那其他作用一切都是白搭。抑郁、躁狂后，人好比掉落到了井底，如果自己不调整下状态、修复下心情，那井上的人再怎么鼓劲、用力，可能也无法拉你上去。因此，当自己转入相对稳定、轻躁时，可以多汲取点能量、多掌握点技巧、多调整下姿势，顺着助力爬上去，最终回到原来的生活轨道上去。

至于到底哪个作用明显，我觉得应该因人而异，建议患友第一步要知道的是解决问题的路径，知道治疗的路径往往比任何单项的治疗更有用。

〖心灵鸡汤〗人的一生中，最辉煌的一天并非功成名就的那天，而是从悲叹与绝望中产生对人生的挑战。——福楼拜

（三）亲，紧张吗？第一次去医院问诊

案例：小微，21岁，大四学生，面临毕业压力，不知哪天起开始习惯失眠、哭泣，有时甚至躺床上持续一周，不愿离开寝室，不想跟人交流。随着毕业日越来越近，她内心感到越来越惶恐、焦虑，生活日夜颠倒，看到阳光就抗拒，有时室友的一句玩笑话都能让她火冒三丈，相互闹得非常不开心，总之情绪非常不稳定。

同学兼好友小倩，看到小微状态日趋下降，就不免担忧起来，生怕发生什么意外。于是，在一天小微状态还不错时，小倩跟她说："微微，最近看你状态不是很好，要不陪你去看看医生？"其实，小微也能感觉到自己情绪有些糟糕，可就是振作不起来，很想别人帮她一把，但又知道怎么跟人开口。

趁着小倩的关心，她回答道："要不，你陪我一起去医院看看心理医生吧？就是不知道去哪里比较好，也不晓得需要准备什么？"

抑郁、躁郁患友第一次去医院寻医问诊，需要做哪些准备，这个也是很多朋友要问的问题。朋友里面分成好几波类型，第一种是自己意识到病了，但自己不敢去，觉得去精神病医院有些难以启齿，更不知道需要做什么准备；第二种是自己不认为生病了，家人想陪他去的，又不确定要准备些什么；第三种是自己了解这个病，主动想去看病，自己想了解需要准备什么。

第一次去问诊，我是自己主动想去的，并叫了要好的朋友一起去的医院。当时认为自己有症状，想明确到底是什么病，但因为是第一次经历，所以对心理障碍的概念非常模糊，想去医院看看到底是什么症状，到底能给自己确诊为什么病。

到了医院之后，医生会给患友一张量表，等我填完后、出了结果、交给医生，他莫名来了一句，"不看量表就知道你是抑郁症"。当时结合量表检查，他只简单地问了下发作原因，初步给的诊断结果是中度抑郁，开的是抗抑郁药——草酸艾司西酞普兰片。可是当时自己处于抑郁期，没有表现出任何躁狂症状，医生也不问其他症状，只简单参考量表测试，那只能查出来抑郁症或者焦虑症了，压根就查不出来是躁郁症。毫无疑问，一开始的诊断方向就是错误的，相信这个也是大多数患友第一次去检查的情形。

后来，我对心理疾病又有了新的认识，结合书上或网上信息，对照近几年的抑郁、躁狂或轻躁狂症状，发现自己更

Everything will be fine
躁狂抑郁何时休

可能是躁郁症。于是,我来到了所在城市的医院,详细把自己的症状特征描述给医生听。这一次的情况比之前好了很多,医生采用的是比较流行的一个做法——半机构式的访谈,他在访谈过程中边问边记,非常仔细地观察我的言行举止。大约进行了半个小时左右的谈话,他始终没有下诊断,反而是我更迫切想把自己抑郁、轻躁的表现过往告诉他。

最后医生拗不过我的意见,先以躁郁症判断,开了德巴金和喹硫平两种药物,让自己先吃几天再看看情况变化,以便下一步诊断。经过几次的座谈交流、药物测试,最后医生才确诊我为躁郁症。

通过以上几轮下来的检查,才基本完成一次诊断的全过程,而我的理解这只是治疗的入门阶段。当然,入门很关键,入对了、治疗可以少走很多弯路,入错了、兜兜转转要来回好多趟。

入门时,特别要注意的一个问题,就是要做好表达症状信息的准备。要如实地把自己的情况讲给医生听,这是第一手资料,包括目前的情绪状况、发生了什么事情、家属有没有遗传,等等,要如实反馈给医生。只有这样,医生才能接受准确信息,然后结合检测量表和面对面的交谈,最终做出一个初步的正确判断。

在入门的过程中,医院里总归还有个流程,那么具体是怎么样的呢？除去以上讲的"进门"，跟大家分享下四个流程，仅供参考。

Ψ **常规操作问病史**。重点是问患友有没有发作过抑郁、躁狂或者轻躁狂，会问患友是什么原因造成的？症状的表现形式怎样？以前有没有诊断过？目前的健康状况怎样？个人的成长经历怎样？性格怎样？比较细心的医生有时会问，家族成员中是否也有类似症状，等等。

Ψ **医生经验作评估**。医生会通过面对面的相互交流，一边记录谈话内容，一边观察患友言行举止，结合整个状态进行初步的精神评估，以了解患友目前存在的主要症状，是否具有其他风险隐患。

Ψ **"多此一举"是体检**。其实就是传统意义上的体检，医生想了解在检查精神障碍的过程当中，是不是有其他一些症状，包括肝功能、血常规、性激素、胰岛素，等等，以排除器质性疾病引起的情绪障碍。这一步表面上与精神检查关乎不大，但确实也是必不可少的一环。

Ψ **最想要的是诊断**。医生通过上述病史的询问、精神的分析、体格的检查、状态的观察等，对照精神障碍的症状标准，综合诊断出患友是否患有抑郁、躁郁、焦虑、强迫等症状。这一步的结果，相信也是大部分患友和家属迫切想知道的关键所在。

Everything will be fine ■
躁狂抑郁何时休

〖心灵鸡汤〗要紧的是勇敢地迈出第一步,对与错先都不管,自古就没有把一切都设计好再开步的事。别想把一切都弄清楚,再去走路。——史铁生

（四）哈罗！要不住院去吧？

案例：在直播间，总有患友这样问。

小鹏：医生建议我住院，但自己觉得没那么严重，到底去不去呢？

小翔：爸妈都觉得我挺严重的，想把我送到医院去，该怎么办？

小佳：我似乎挺严重的，我想去住院接受治疗，但担心里面太乱了！

小贺：不想待在家里、不想去学校，我想找一个让自己静下来的地方，医院可能会是一个不错的地方吧？

……

当抑郁、躁郁发作后，到底要不要去住院呢？这个话题经常被家属、患友提起。是否住院，自然需要看病情严重、自身处境和实际需求等，每个患友的情况不同，应该按需选择、决定为宜。

如果患友的病情严重，家庭或外部支持力度又弱，那及时去医院接受专业治疗是合适的选择。如果患友的病情中度，家庭或外部支持力度又还可以，那去住院的必要性可酌情考虑。

作为患友自身来说，选择很关键，主动自愿住院往往会取得很好的效果，不仅可以得到医生的帮助，而且能让自己学习、了解症状；被动排斥住院一般效果适得其反，对医院、医生甚至症状都是抗拒的，很难会配合治疗，自然谈不上医治疗效了。

作为家属而言，当患友病情严重或者急性发作时，适当强迫他（她）去住院未尝不是一种选择；但当患友意识较清醒、认知较正常，只是情绪暂时失控时，一味地强迫他（她）住院肯定不是最好的选择。

Ψ 住院的经历：程序虽到位、但灵魂未洗礼。对于住院治疗，当时我是主动要求去的，自己想好好感受一下心理治疗是怎么样的，想真实地体验一回身心治疗。无论是药物介入、还是心理排解，我都想在医院里尝试一次，让自己的情绪波动能得到修复，设想着学会平衡情绪的本领，让自己真正走出来。

选择的是自己所在城市的医院，相比北上广深等大城市，该医院总体条件一般，医疗水准和环境都属于中等。分配到的院区空间不大，里面入住的患友基本都患抑郁、躁郁、焦虑、强迫等症状，自知力、认知力总体可控，患友们经常一起打打乒乓、麻将、唱唱歌，有些会相互串门交流病情，总体而言环境相对宽松。

医生都比较有耐心，脸上经常挂着笑容，主治医生会定期来观察问候，跟踪了解下症状；护士主要是引导督促患友吃药、作息。根据入院时的项目安排，有时会有一些认知调整课程或者其他授课。同时，患友可预约心理咨询，尝试一些电击、催眠等物理疗法。

相信国内大部分心理医院都有上述类似情况，好坏参差不齐，在医院里面印象最深的，还是医生让患友定时吃药为主。总体感觉是"治疗程序都到位了、但灵魂没得到洗礼"，表面工作都做了，情绪相对稳定了，但根子上的问题往往还没彻底解决。

Ψ 医院的选择：一定要"货比三家"。医院的好坏太重要，选择好了效果会事半功倍，因此伙伴们一定要擦亮眼睛、对比尝试、精准选择。住院后，院区的选择也很关键，抑郁、躁郁患友一定要记得，千万不能去那种病情相对严重的院区，里面的患友可能没有认知力、自知力和控制力，患友进去后会明显感到气氛压抑，代入感瞬间产生，反而会影响到自己的情绪，最终不利于病情康复。

Ψ 医生的建议：不能不信，也不能全信。医生的判断是基于自身多年的经验、书上的知识和量表的测试，确诊前提需要患友及家属真实地表达自己的情绪状况，两者的配合默契度很关键，因此症状最终的判断需要双方共同的努力。

对于抑郁和躁郁症来说，误诊的情况时有发生，特别是后者的症状更不稳定、更难确诊。众所周知，躁郁症的误诊率非常高，各国标准不同，但 50%-60% 的误诊都是存在的，既然存在这么多的误诊，那为什么要 100% 相信医生的话呢？

患友本人、家属自身如能提早认识症状特点，相对客观真实地反映症状，那是不是可以少走寻医问诊的弯路呢？当然如果都做不到，那只能与医生一起不断试错才能诊断，只是这个过程可能会比较漫长。而一旦确诊了，那请患友务必听从医生的话，特别是药物方面的使用，一定要多问医生的建议、多听医生的话。但有个前提，一定要找到一个好的医生。

〖心灵鸡汤〗把你的手放在滚热的炉子上一分钟，感觉起来像一个小时。坐在一个漂亮姑娘身边整整一小时，感觉起来像一分钟。这就是相对论。——爱因斯坦

(五)呜呜,又要吃药啦

案例 1:表哥的儿子患躁郁症有十多年了,也吃了十多年的药,花了非常多的钱,但到现在病情没有得到根本治愈。非常巧的是,给他儿子看病的医生跟之前给我看过的是同一个人,并且还担任过院长。她给我看病时就给我讲道理,然后就开药,效果非常糟。而他儿子的问题出在原生家庭,因小孩刚记事起,表哥两夫妻就离婚了,后来他又结过两次婚,这给小孩造成了童年阴影。但是医生自始至终对这个家庭背景没有追问,只顾着开药治了十余年,效果可以想象。

案例 2:2021 年冬天,在日本的中国躁郁症女孩留下了遗书,从她的遗书中,可以看出中日两国医生对抑郁的不同理解。国内医生注重药物治疗,重点给她开药,我每次去医院,医生的第一选择也是开药,哪怕去的是心理治疗中心,医生们还是开药为主。日本医生给她的建议是,药物治疗已作用不大,哪怕是聊天咨询效果也会不明显,她的根子在于其原生家庭 20 多年的问题,所以真正想治好必须要解决根子问题。这个跟我表哥小孩的问题类似,医生应该建议重点解决问题原生家庭问题,比如多关心小孩,改善之前的教育方式等,而不是一味地吃药。

很多患友和父母问我，他（她）们说这个药怎么样，是不是要换药或者坚持吃？总感觉他（她）们始终过度依赖于药物，觉得药物能解决一切，而自己却不做努力。我觉得这样的一种认知是存在偏差的，需要尽快提升。

毫无疑问，药物确实很关键。心理疾病是很复杂的，每个人心理疾病的病种类型又不同，其药物的配备肯定也不是同等的。它需要对症下药，需要医生的反复调试，所以说，要在自己的配合和医生的努力下，才能最终找到适合自己的药物。

关于药物治疗的理解和选择，我举上述两个真实故事给大家看，这样便于大家更清晰地熟悉和掌握。

结合我自己个人治疗感受，抑郁、躁郁就是种病，从病理看，它和高血压、糖尿病等一样，有遗传或体内缺某种物质的因素；从心理看，原因复杂，工作生活等外力和原生家庭都有关；综合看，神经系统出现了问题，所以需要科学治疗。

我们要相信科学，但并非一刀切都必须要靠药物治疗，或者说完全靠心理咨询就能解决。因此，由于每个患友病源不同，治疗主次自然也需分清。

Ψ 如果纯粹是重度躁狂、抑郁或纯病理现象，那建议药物介入为主。特别是重度抑郁、重度躁狂发作时，靠自身有时已难以抽离困境，药物介入应是最及时有效的做法。

Ψ 对于外力冲击造成的,除了急性发作不可控外,个人觉得以心理排解为主、药物为辅好些,否则吃 10 余年药可能效果依然有限。

〖心灵鸡汤〗只要是一棵树,就有参天的可能。而杂草永远只能铺在地上。——余华

（六）心理师一定很有气质吧

案例： 晓亮，29岁，2023年3月从苏州跳槽到杭州工作，因为和女朋友聚少离多又失恋了，失恋的同时勾起了之前更多的创伤，整个人几乎崩溃。每天早上起来，洗脸的力气都没有，工作没心思，吃饭只为了填肚子，晚上又睡不好……总之整个人仿佛行尸走肉一般。

那时候，晓亮一个人在陌生的杭州，还是在余杭区的一个工厂上班，离杭州市区又较远，身边几乎没有可以倾诉的朋友。于是，他尝试了一些平台的倾听热线，由于相对便宜，那段时间打得很频繁，每周可能打两三个，但尝试了一段时间，他的情绪始终得不到排解。

最后，他决定直接找心理咨询师寻求帮助，希望能比倾听收获更大、更有效。

俗话说，"心病还需心药医"。很多人得了"心理疾病"后，首先想到的是找心理咨询师开导，但对真正的心理咨询却知之甚少，往往停留在国外或者港台影视剧里的片段。

跟大部分患友设想的一样，当时我意识到自己患病后，第一时间就想着找心理医生，大脑里会刻画出就诊的大致景象：清爽的治疗室、温馨的内设、柔软的沙发、有气质的咨询师……在她慢声细语地指引下，我躺在沙发上，双眼轻合、展开联想，让思绪穿过时光隧道，然后定格在自己难以解开的心结上。

事实上，我们的咨询经历很少会像脑中刻画得那么美好，更多的是像普通的问诊一样，有些会显得僵化、无趣甚至火药味十足。但心理咨询，肯定是有用的，至于用处大小因人而异，结合自己学的心理咨询知识，个人推荐患友可以选择以下四种方法：

①**认知调整**（参考贝克的认知疗法），帮助个人发现并修正可能给其带来不良情绪的认知模式，比如认为"功名利禄是人生唯一出路""必须在今晚完成工作""失去这次机会人生就完了"等。——通过治疗，让患友认识到之前的认知是有偏差或者错误的，从而学会处理、解决不良情绪的办法和路径。

②**行为纠正**（参考艾森克的行为疗法），矫正个人一些

不健康的行为，比如网瘾、网赌、乱性、酗酒、直播刷礼物等。——通过治疗，可以让患友及其家属学会识别病情发作的各种征兆，使得患友及家属成员在对疾病以及治疗的认识上与医生保持同步。

③**人际调和**，重点改善个人的人际关系，减轻因冲突带来的人际压力，进而降低应激水平。——通过治疗，可以提高患友的应激反应水平、人际交往及解决事情的能力。

④**社会节律疗法**，提倡有节律的生活方式，包括睡眠、饮食、锻炼以及其他活动等。——通过治疗，帮助个人养成正常的睡眠节律以及健康、规律的生活方式。

当然，心理咨询的作用不是万能的，它只是解决患友心理障碍的一个途径，它的功效基于家庭治疗、医院治疗和个人努力，才会发挥得最好。心理咨询的作用，个人觉得可以用三个词来概括：

Ψ **助人自助**。心理咨询的落脚点在于，患友能运用学到的心理技巧、领悟到的认知自行调整和解决情绪波动，比如抑郁、焦虑、躁狂等。整个过程，心理咨询师始终担当助人的角色，而不是主体，他（她）的终极目的是"助力患友自己走出来"。心理咨询的前中后阶段，都需要患友的主动意愿、积极参与和努力实践，否则任何高超的治疗（咨询）技巧都无法撬动患友的内心深处。

Ψ **锦上添花**。解决心理障碍，脱离了药物治疗和家庭的支援，任何形式的心理咨询均有可能以失败而告终，或者说治疗难度很大，甚至效果恰得其反，进而导致病情加重或反复。要想让患友能彻底康复，既需要家庭的支持、亲朋的关注，也需要医生的介入，更需要患友自身的努力，而心理咨询的出现能起到"更上一层楼"的作用，可以加速病情的康复。

Ψ **心理理疗**。与身体理疗相对应，心理的理疗自然也有"理疗师"来完成，那么这个任务非心理咨询师莫属。心理咨询的过程中，可以让患友得到解压、调整认知、愉悦心理，引导患友在宽松的环境中生活和工作，学会应激处理、解决问题及人际交往等能力，即便患友在异常恶劣的环境中也能生存并健康成长。

〖心灵鸡汤〗呐喊着去战斗固然勇敢，但是我知道，与内心苦恼的骑兵搏斗更加英勇。——特伦斯·戴维斯

（七）崩溃！又突然发作了

案例：小轮，女，31岁，刚开始患躁郁症的时候，她抗拒吃药，怕药物的副作用伤到身体，怕药把自己吃傻了。可是无论她出去散心，还是坚持运动，更多时候都无济于事。

特别是抑郁急性发作时，情绪十分低落，她说对什么都不感兴趣，那时感觉整个人都在煎熬。心里面一直想着自己之前做的事情，控制不住地想东想西。

实在坚持不住了，有时好想解脱，好多次透过窗外看着楼下，想到这个世界太没意思了，没有什么值得自己留恋的了，只有一个想法：跳下去。当时，她觉得谁也不管了，什么生养自己的老父母、什么未成年的儿女，管不了那么多了。

最后，终究还是亲人们的不离不弃和无微不至的关怀，让她抓住了救命稻草。在最疼自己的阿姨的关心呵护下，小轮的情绪逐渐平和起来，并且吃下了阿姨准备好的药物，随后她慢慢躺下安稳地睡了一觉。等她再次醒来的时候，情绪明显比之前稳定了许多。

现在小轮想起医生当年的一句话，真的很有用：吃药带来的副作用远比不吃药对身体带来的伤害，要轻得多了！

如今，她非常珍惜活在当下，虽然情绪还是有反复，但急性发作时她似乎不怎么担心了。每天都能看到太阳升起是多么幸福的事啊。活着真好！

抑郁、躁郁症突然发作该怎么办？作为经历者，我想告诉大家的是，这个时候一般心理学家的话没用了，一般心理咨询师的疗法没用了，什么"抗抑郁十法""强大的内心""金G经"等都没用。这个节骨眼，就好比你急性胃病、高血压、心脏病等突然发作，异常难受，甚至生不如死。那该怎么做呢？

Ψ 当务之急是吃药。按照医嘱吃正确的药物，一般有可以助你睡眠的药物，让自己的情绪稳定下来。对此，我曾屡试不爽，伴自己渡过了很多次的煎熬时刻。当然，很多药物对情绪有一些无法预料的作用，首先要确保药物不会给自己的身心带来副作用。抑郁、躁狂突然发作时，心情会瞬间变得糟糕、兴趣丧失或者异常兴奋、盲目自信等，特别是负面情绪、反刍思维或者突发奇想、飘逸思维不断加剧，这个时候稳定情绪非常重要，而吃药让自己入睡是最好的方式，这样可以让人大脑得到休息，从而在短时间内减轻抑郁、躁狂症状。

Ψ 条件允许找"出气筒"。实在甭不住，那就是找一个可靠的"出气筒"，让自己的情绪、需求和怨气等都朝他（她）宣泄。当然这个担当"出气筒"角色的人很关键，他（她）需要耐心、共情、包容、周到等"自我牺牲"的特质，自己可能需要出气2-3个小时或者半天或者1-2天，直到情绪稳定。在我的治愈道路上，自己的舅舅和一个朋友起了非常关键的作用，他们充当了自己一段时间的"出气筒"。突然发作时，第一时间找了他们，然后吐苦水、泄怨气，他们比一般的倾听师更容易共情，成效立竿见影。

Ψ 可以尝试放松术。学会一些躯体放松的方法总会有一定的好处，特别是在自己紧张的时候。很多人应该都有过这样的体会，躯体上的紧张大多是来自精神上的紧张，当精神上的紧张感降低到一定程度，躯体的紧张感也会得到缓解。放松的方法有很多，比如呼吸放松术、蝴蝶拍、肌肉放松法、着陆技术、冥想放松术等（详见第四章节）。

〖心灵鸡汤〗你耐住了孤单，扛过了无望，不再怕失落，也学会与安静为伴。虽然疼都是别人给的，但伤都是自己好的。——刘同

（八）非议和不解，请稍息去

案例：小楠，男，30岁，是一名毕业于某医科大学的高材生，现就职于南方一家知名医院，是一名心外科医生。由于工作和感情的压力，近两年来情绪十分不稳定，白天工作时精力十足，抢着申请做手术，但一不顺心就火冒三丈，会对同事恶语相向；晚上回到家，又感到莫名的沮丧，一想到伤心事就躲在房间里懊悔、自责甚至哭泣。

父母明显感觉到他的状态出了问题，有意无意地跟他聊起："儿子，要不去看一下心理医生？"小楠听到了脸上显出不悦的神情，并说道："我就是医生，自己去看心理医生，被同事知道了岂不是很没面子？"父母劝了好几次，也拿他没办法。

节假日休息时，小楠经常会到外面骑车，参加各种联谊活动，他觉得只要自己能动起来，就会让心情好一点。可是一回到单位后，还是会出现情绪不稳定的状态，他自己也明显感到焦虑不安，但又不想去看医生，生怕同事议论。

长期以来，对于抑郁、躁郁症等精神障碍这些词，大部分人对其总是会用异样的眼光看待。不管是对患友自己还是家属、朋友来说，都很难完全用轻松的态度来面对，相比糖尿病、高血压、心脏病等疾病更让人难以启齿。

很多患友或者家属会有强烈的病耻感，不愿坦然面对，觉得有了"精神障碍"，会对自己或者家庭产生污点，一辈子也抬不起头。得了精神疾病，到底能不能、要不要告诉别人呢？

Ψ 脸皮厚也是好事哦。患病以来，我对自己得了躁郁症，并没有觉得难言启齿，这方面自己比一般人要看得开些。反而是周围的人看不开，也有不少好心的朋友建议我不要跟别人说，怕有生活或者工作风险，但自己还是坚持无所谓的态度。抑郁、躁郁症等精神疾病就是生理和心理疾病，跟其他病都一样会给人带来伤害，只是病种不同，并且有些病需要常年跟踪吃药，一不小心面临危险地步，而抑郁、躁郁等可以通过几年的治疗痊愈。

虽然患病初期经历过 N 次折磨，但我自始至终都接纳自己的病情，觉得对自己来说似乎没有什么病耻感。从一开始我就透露自己的病情，并向人解释这个病的特点和优缺点，甚至以"病号"自居，觉得身体比任何事情都重要，并及时向单位请了假，专心攻克这个精神疾病。大半年的休假，给了我宽松的治疗环境，让自己紧绷的大脑有了喘息的机会，不至于病情恶化。当然，其间也会有焦虑，比如原本大好的前程可能会大打折扣，原本优质的生活可能要从头再来，但相比修复身心健康的重要性，这些都可以暂时让位。

病情好转后，我回单位重新上班，按照"森田疗法"训练，顺其自然，带着病态去上班，稳扎稳打，积累信心，一步一步回归到更健康的生活轨道。虽然一开始或多或少会有点不适应，但康复后自己会比以前更不计较得失、比以前更注重心理，这是沉浸在权力、欲望等中的同事或者朋友所无法比拟的。后来我参加了心理学的学习培训，考了中科院的心理咨询师，更懂得精神障碍患友的内心和需求，他（她）们绝对不是光靠吃药就能痊愈的，他（她）们更需要改变认知行为等。

也许，在一些同事和朋友眼中，我的工作、社交能力会打些折扣，但在新战场上自己的格局、视野，将会为自己的人生带来新的可能。

Ψ过度关注自我，往往会有压力。在生活当中，一般的人都会在乎别人的看法。这很正常，这是"以自我为中心"和"追求完美"的一种表现。我是，你是，他（她）也是。只要不过分，不严重自恋就没大的问题。我曾经也是一个比较以自我为中心的人，在人群当中，常常也会给人一种感觉，仿佛自己很重要，是人群的中心。其实就是自己觉得自己很重要而已，别人当然未必这样认为。很多人很想摆脱这种心理，但是往往又觉得很难。

要解决这个问题可能需要改变自己原有想法，那就是换位思考。有这样一个事实：没有人会过度地关注你。每个人最关心的还是他（她）自己。别人都在关注自己的需求，怎么会去过度地关注你呢？因此，需要努力克服过度"以自我为中心"的心态，别过度自我关注，降低自我要求。

当然，并不是说别人对你的看法完全不重要，重要的是你对自己要有清晰和合理的认知，从而保持自己内心的稳定。别人更注重看到你的现实和结果，不会看到你前期的暂时失利，等你最后的结果是好的、是成功的，那他（她）还是会举大拇指点赞，所以之前对你的所谓关注，太可不必在意。否则，你就完全丧失了自主性，完全活在了别人的世界里面。

Ψ 是否告诉别人自己患有精神障碍，取决于每个人自己的境况，与别人无关。假如你轻度抑郁、失眠等障碍并已治愈，假如你病情稳定、影响不大，那么显然可以抱着无所谓的态度来对待，就当生了一场"感冒""发烧"，最多是"阳了"一次而已，说不说都没关系，完全取决于你自己心情或者利益。每个人都会生病，糖尿病、高血压、肥胖症等都能说，那抑郁、躁郁症为什么不可以？

如果病情已经严重影响身心，并且工作压力又较大，这个就需要一定的社会支持，比如请假治疗、减轻负担，获得一定关照。最好选择告诉自己最亲密的朋友、领导和同事等，这里我们可以合理有序地进行。

总而言之，得了抑郁、躁郁症等精神疾病，选择公开还是隐瞒，这纯粹是看自己情况，绝对不应该让"羞耻感"来左右判断。最关键的是，自己一定要看得起自己、接纳自己，别过度关注自我，勇敢面对、降低预期，在不伤害自己的情况下隐瞒和公开兼顾，努力走向二次生命、实现人生的真正价值。

〖心灵鸡汤〗别在树下徘徊，别在雨中沉思，别在黑暗中落泪。向前看，不要回头，只要你勇于面对，抬起头来就会发现，此刻的阴霾不过是短暂的雨季。向前看，还有一片明亮的天，不会使人感到彷徨。——莎士比亚

（九）"标签化"的困惑

案例：根据真实事件改编的香港电影《一念无明》，余文乐饰演的阿东，是一名躁郁症患友，影片形象地展现了阿东患病期间的状态，把躁郁的特征深刻地呈现给了观众。电影重点想引起社会的共鸣，一定程度上掩盖了躁郁"天才"部分的渲染，突出了抑郁情绪的表达，力求每个人和社会能重视、关心躁郁症群体。

影片结尾，经历了疾病抗争、体会过人间冷暖的阿东和父亲（曾志伟饰演），茫然无助，相依而坐。告诉广大观众："情绪病治疗是个长期斗争，治疗创伤的心灵不单需要合适的治疗、社区支援，还需要大众去除负面标签，给予谅解及支持，用同理心去感受和关怀。"

希望每个人和整个社会再也不带有色眼镜、不乱贴标签，真心包容抑郁、躁郁症患友，这是对他们最大的善意，也是对自己未来的宽慰。

进入21世纪，虽然越来越多的人熟悉、知晓了抑郁、躁郁症，但大部分人还是对它们有异样的看法。长期以来，抑郁、躁郁症很容易被标签化，无形当中也给患友及其家属带来了困扰。

对于被社会、被别人标签化，根据不同的情形，我尝试将其分为三种：

①**"病被标签"**，社会上很多人对抑郁、躁郁症疾病本身存在偏见，把"病"标签了，觉得患友患了这个病、心理有问题就跟普通人不同，自然而然地把患友列入不同类中。

②**"人被标签"**，对患了抑郁、躁郁症的患友贴了标签，觉得患病的人是不行的，他们觉得这个人的心理有问题，那么就会怀疑患友在工作和生活当中再也好不了，生怕患友一不小心就犯病。

③**"做事被标签"**，由于患友的心理疾病发作，往往会引发一系列"麻烦"事，进而造成负面影响，这时人趋利避害的本性一般会展现出来，他（她）们对患友做任何事情都会产生偏见和质疑，什么事情交给患友都不放心。

对抑郁、躁郁症的各种标签化，社会、原生家庭和患友都是需要反思、总结和抵御的，因为一味纵容，长此以往，其就会被污名化，最终给所有人带来伤害，因为谁也不能保证自己和身边人以后不会患病。

患病前后，我一直跟"标签"在做斗争，通过接受治疗、学习心理学、平衡情绪，努力削弱它对自己的影响。其实，在患抑郁、躁郁症之前，我脸皮一直比较厚，对各种打击觉得小意思，大部分"小标签"不会放在心上。高中班主任曾说我"桀骜不驯"，之前自己也觉得可以抵御各种标签化甚至污名化，什么都压垮不到；因为每个人都有各种各样的问题，所以我会很坦然面对，心想"无所谓""你算什么""你有自己的问题"等。特别是现在对人生有了不一样的理解之后，自己对所谓的"标签"会更加嗤之以鼻。

在每个人的一生当中，往往会出现各种不可预知的事情，总会出现身体、情绪、作风等方面的各种问题，谁都无法保证能健康到老。当一个人身体垮了的时候，各种问题都会出现；当一个人心理垮了的时候，也会发生各种事情。当身心出现状况后，每个人的工作生活一般都会发生各种"插曲"，会让别人对这个人的评价产生变化。

躁郁症发作后，我曾陷入了情绪波动的漩涡中，很长时间不能自拔，前前后后发生了不少事情，周围的人对我的工作和生活有各种指指点点。其间，很多不知道实情的人，在听了传言或风声之后，他们也会对我的工作和生活进行质疑，并且无形当中把这个标签扩大化，甚至到现在都有不同声音。

说实在的，当我处于抑郁、躁郁症的时候，会特别在意别人的看法，特别发作时懊悔、自责、怨恨、无力等情绪不断蔓延，会无形地重视别人对自己的看法，自己很难从漩涡中绕出来。这个也是症状发作的一个典型特征。本来不属于自己的"污点"沾在身上时，任何人也会感到莫名的难受吧？更何况是患病的人。

当情绪稳定时，适时可以做些心理暗示、认知调整等方面的学习和训练，预防发作时情绪波动给自己带来的冲击。建议伙伴们可以采取以下几种"脸皮厚"的做法，消除"标签化"带给自己的影响。

Ψ **用心理暗示予以对抗**。人生还有那么长的路要走，没有人能确保一生都平安，谁都可能会跌入谷底；没有一个人会确保永远不犯错，谁都可能走路绊脚。可以尝试反问别人，"你凭什么对我指手画脚？""你有我这么好吗？""你以后就不会犯病吗，谁知道呢？"等等。

Ψ **保持足够的自信**。抑郁、躁郁康复后，人往往会格外通透，会开启不一样的人生。要坚信自己以后会好的，好了之后比别人更加好。真做到了，别人会佩服得五体投地。要相信跌落过谷底的人，站起来之后会更加强大。当然，拥有自信的同时，要不断地提升自己，在最虚弱的时候积蓄的力量，它们终将会在一个时间点爆发，所有的付出会得到回报。

Ψ **别人都很忙，他（她）们没有时间关注你**。虽然说"标签化"因他（她）们而起，但是他（她）们有时只是不经意的指指点点，可以选择不要去理会。茶余饭后的那些话，不要太放在心上,他(她)们过会儿就会忘了。等自己好起来的时候,没人会再评头论足的。记住一句话,大家都很忙,包括自己。自己评价别人,也是要耗时间的,不是吗?

Ψ 别人也有虚弱的时候,他(她)们也会有心理障碍。每个人在工作、家庭和生活中都有不如意的事情,都在自己的人生道路上经历着悲欢离合,总而言之任何人都有虚弱的时候。相比别人的整个人生,抑郁、躁郁等心理障碍给人带来的困苦,可能并不是"终极难熬"。有些人的躯体疾病,足以让人"一命呜呼",而且不少都是在短暂的时间里等待生命消亡,那样的痛苦更加绝望。冷暖自知,走自己的路,让别人去说吧。

〖心灵鸡汤〗大多数人束缚在自己的视角里,宁可接受偏见掩盖真相,也不愿意承认自己的偏见。——许知远

（十）当婚恋遇上躁郁

案例：小敏，女，25岁，是一家文化传媒公司的部门经理，形象气质好，做事干练，非常受领导和同事的喜爱。近期，她说马上要结婚了，但是心理压力很大。

原来，她患有躁郁症，只是经过治疗目前已经逐步稳定，平时也在吃药维持，但心理始终没底，老想着这病到底会不会复发？同时，她很担心自己的病被别人知道并广而告之。

目前，小敏还没跟别人，特别是男友提过这个事情，觉得有羞耻感，生怕男友知道后会变心，但现在两个人考虑结婚事宜，之后吃药男友肯定也会看到，她问我还要继续隐瞒下去吗？

现实生活中，这样的情况确实很多。可以想象的是，隐瞒和坦白都是一个艰难的决定。当然，如果在婚前不能正确地处理好这个问题，那也可能会直接影响到这场婚姻的幸福美满。那到底该怎么办呢？难道抑郁、躁郁症等精神障碍患友就不配结婚吗？当然不是！

为此，我特意告知小敏，查了最新的《民法典》，其中第1053条规定，"一方患有重大疾病的，应当在结婚登记前如实告知另一方；不如实告知的，另一方可以向人民法院请求撤销婚姻。"

而躁郁症虽属六大类重性精神疾病（其他五类是精神分裂症、偏执性精神障碍、分裂情感性障碍、癫痫所致的精神障碍、精神发育迟滞伴精神障碍），但不属于法律规定的重大疾病。如果患友在未发作期间，病情稳定缓解，那就可以结婚，婚姻受到法律保护。当然，仍然有告知对方自己精神病病史病情的义务，确定双方意愿共同承担遗传风险，并作出是否生儿育女的决定，避免出现因隐瞒病情病史的原因而离婚。

因此，可以明确地是，躁郁症等精神疾病并不是属于法律和医学上认为不应当结婚的疾病，于是我建议小敏无须为此担忧。患友应该看到的是，高血压、糖尿病等躯体疾病同样会面临这样的苦恼，它们是需要终身服用的，并且遗传率高达 40%-50%，比抑郁、躁郁等精神疾病 10%-15% 的遗传率高多了，而大部分精神疾病是通过几年的治疗时间痊愈的。

同时，我也建议，如果长期不能脱离药物的情况，在婚恋当中，最好是做到坦诚相待，毕竟你要选择的是长相厮守的一个人。对自己最亲近的人，可以跟他们解释清楚，心理健康其实和身体健康同样重要，需要在未来的婚恋关系中加以重视。家和恋人是自己最信赖、最温暖的地方和人，隐瞒不可行、也不可取，当然还是要策略性地告知实情，而不是刚开始就把对方吓跑。

最后，小敏结合我的建议，选择跟男友坦诚自己的躁郁症病史，男友也理性地接纳了她和这个病，并沟通商量了如何一起治疗，最大程度降低复发风险，并决定如期结婚。

〖心灵鸡汤〗人与人之间，若灵魂不能共振，交流不能同频，仅仅只是浅浅的喜欢，终究会成为陌路，可贵的是遇到理解和发自内心的爱。——林徽因

（十一）谁能告诉我，自己还能上班吗？

案例：小靖，女，24岁，抑郁后，治疗已三个年头了，比之前好了很多，但是仍然不愿出门。她是在大二放暑假后确诊的，大三、大四除了上课，基本没在学校，终于熬到毕业，彻底在家心安理得地躺平了！

父母心急如焚，花了很多心思寻医问诊，但有点病急乱"投医"，居然连"法事"也做了，当然中药也吃了一些，心理咨询也做过，但由于经济实在不允许，都没坚持下去，小靖也不想做了。

后来，父母知道以前的家庭教育出了问题，于是积极学习亲子教育、心理学等知识，夫妻、亲子关系也好了很多，唠叨的奶奶也已回老家生活。

慢慢地，小靖陆续养了三只猫，做起了正念冥想，自己失眠的毛病彻底治愈了，但她还是不想出门、不社交，不出去找工作。虽然家庭生活还较富裕，在家养几年也能接受，但她总觉得哪里不对劲，人不能总不出门，总要与朋友聚个会、蹦个迪之类的活动，总要出去工作吧？

Everything will be fine ■
躁狂抑郁何时休

"**抑**郁、躁郁后，谁能告诉我，自己还能上班吗？"如果问我的话，那自己当然会说，完全可以！因为我现在就已恢复上班，做着之前一样的工作。从我的切身经验来说，经过治疗和调整后，大家完全可以根据自身情况选择适合自己的工作和生活。一个人憋在家里，时间久了的话，可能只会让情况变得更糟！

当然，恢复上班的前提，是病情已经基本康复或者工作环境相对和谐。如果没有接受过治疗，只是感觉还可以，那自然不建议去上班。如果工作环境恶化或者遇到不好的人际关系，那也建议换个工作或者不要去。

在我的整个康复过程中，非常关键的一个落脚点，就是需要认同感，我强烈需要别人对自己情感的认同、工作的认可、疾病的接纳，希望别人知道我还是那个优秀的人，并且自己还会做得更加好。而除了我的精神面貌要恢复好外，上班、工作恰恰就是能够帮自己获得认同的主要方式。

但是，想要获得认同感谈何容易？迈出工作的第一步确实也比较难。我的抑郁、躁郁发作，是源于事件创伤应激，因此，那就更需要治愈后的工作和形象修复。症状治愈是必须，而康复后之前的创伤事件还需要去积极解决。为了能向前走，我只能努力去面对，努力去解决这些事。没错！必须走出去，去上班、去工作。我觉得需要做到这么几个点：

Ψ **刻意降低需求标准**。说刻意，当然是不情愿的，但实现一个好的期望，低需求就显得非常关键。走这一步，只能说迫不得已，没办法的事情，用"委曲求全""卧薪尝胆"等词来形容自己都可以，历史上很多人都是这样走过来的，我们又有什么不可以。去上班，自然要面对心态失衡、前后落差的问题，如果硬要像以前的高标准，那就有可能是"期望越高、失望就越大"的结果。因此，刻意地降低需求，往往可能会收到意想不到的结局。比如面对升迁、提拔等，转变下人生观，坚信生命的成长比世俗的努力更有意义，这个何尝不是一种进步呢？

Ψ **心平气和地解决工作中遇到的具体问题**。形象，在任何时候、任何环境下都很重要。为了心情愉悦，上班前后我会刻意打扮下自己，自己感到舒服很关键，尽量做到干净整洁。如果你还在吃药中，那上班前后可能会遇到一个矛盾，那就药物引起的嗜睡问题，建议尽量在上班前一天早点吃药，第二天中午再好好休息下，借此保证自己的状态能够好一点。如果工作中，还有不利的人际、不好的工作环境，那尽量不予理会，"你跟我有什么关系啊""谁怕谁啊"等心理暗示应对之，或者找一个跟自己想法相似、要好的人多多交流。工作和生活中，每个人都不可能十全十美、每天都开心，我们在具体中遇到的问题别人照样会遇到，"随它去""只要完成任务就好""不恶化就行"！

Ψ **抑郁、躁郁症患友适合什么工作？** 就我个人而言，如果能恢复之前的最好，因为那个才是自己展现自信和成就感的地方,但现在已没有可能了,那只要能先工作就可以,自信心一点点积累、慢慢走向成功。总体而言,还是建议患友们尽量选择工作环境相对宽松、工作压力相对轻松、工作内容相对简单的工作,最好这项工作能够给你带来自信和认同感,单位里有让你好感的人和事。

〖心灵鸡汤〗人生的发展走向是呈波浪线的,时而高光、时而低谷,很少有人一生都一帆风顺。当你在高光时,最好不要骄傲自满;当你陷入低谷时,最好不要看低自己。——陈孟达

（十二）你的青春，除了叛逆还有躁郁

案例： 小松，14岁，在他4岁时父母就离婚了，父亲在他7岁的时候再婚，现如今有一弟弟，后来他一直和母亲生活一起。现在小松读初中二年级，暑假里却迷上了玩游戏，人变得更加孤僻、暴躁，平时和同学甚至老师有一丁点小事就大吵大闹，整个人经常歇斯底里地咆哮、恶语相向。

班主任老师发现情况不对后，第一时间告诉了他的母亲：孩子心理可能有问题，希望能引起重视。后来，母亲带小松到医院检查，医生说可能有心境障碍，先观察为主。于是他开始接受心理治疗，每周一次到医生那里做心理辅导。

空闲在家的时候，小松时刻离不开手机，打游戏打得旁若无人，一直在游戏里大声嚷嚷、又笑又闹。到了饭点，叫他吃饭却半天不来，来了也不放下手机，母亲觉得他是游戏有瘾，任何人的话都听不进去。

母亲试图说服他去读补习班，可他根本不愿意，一跟他提起补习，他就骂"你给我闭嘴""滚出去"。平时在家的时候，

Everything will be fine ■
躁狂抑郁何时休

他进房门就把门撞得砰砰响，然后反锁，任何人说话都不听，家人试图把手机给他藏起来了，但是他马上会歇斯底里地开骂，满口胡言乱语，说他早就想死，不还他手机他就跳楼。

怎么办？这样的孩子怎么管，怎么让他走上正路啊？他是真病了吗？还是叛逆呢？母亲看他那个样子真想放弃他了，可他还小，他以后怎么办啊？

大伙儿都知道，青少年期也称为青春发育期，一般指11、12岁至17、18岁这段时期，相当于初中、高中的教育阶段。作为成年人都有感悟，这段时间往往是每个人的叛逆期，正因为叛逆的普遍性，让很多患友和家长经常会忽视自己的抑郁、躁狂情绪症状。因此，正确区别叛逆特点和情绪症状，就显得至关重要，鉴别准了，那就可以少走很多弯路。

Ψ 青少年叛逆和抑郁、躁狂发作的区别。由于青少年叛逆期的存在，其抑郁、躁狂情绪症状就往往显得比较隐匿。我们先来对比下青少年叛逆期和抑郁、躁狂情绪发作的表现特征：

一般青少年叛逆期的表现为：

①思想上较偏激，容易与父母亲或者其他长辈发生观念冲突，甚至认为他们的想法是落伍、错误的。

②对人生充满期待，但又显得理想化，处事不是很成熟，一旦没有实现目标，很容易自暴自弃。

③开始追求自我，有些事情不再跟父母交流和沟通，特别是一些自认为的"隐私"，不想让别人知晓。

④独立性增强，感觉自己慢慢长大了，逐渐成为大人了，不太喜欢长辈把自己当小孩。

⑤注重自己的形象和口碑，开始打扮自己，想赢得别人的赞许，听到负面评价往往情绪波动较明显。

青少年抑郁、躁狂发作的表现：

①学习状态"飘忽不定"。有时轻躁时，学习成绩可能会比较好，患友一般不会将自己跟生病联系起来；到成绩明显下降、渐渐跟不上时，往往会出现厌学、逃学，经常会乱发脾气，最后停学在家，整天玩游戏。

②情绪状况起伏波动。有时突然变得内向、不喜欢与人接触交流，不愿出门，哪怕去玩也没兴趣，常为莫名小事生气，尤其问他学习的事情就冲动或沉默，过后把自己关在房间不出来，家长怎么叫也不愿开门。有时也会变得烦躁、容易发怒，自己控制不了，有时也会参与打架斗殴。

③情感稚嫩多变。青少年青春萌动，性心理逐年成熟，但这个阶段对异性既憧憬又缺乏了解。往往初中时，性活动以幻想和自慰表现，有单相思、有恋爱，一般很少发生实质的性行为；高中时，有可能会谈恋爱或过早地出现性行为，但由于年少情绪不稳，很难维持持久的亲密关系。事后的失恋则会成为抑郁发作的重要"导火索"，只是患友和家属更多情况下都会认为只是失恋导致"想多了"，而忽视了其真实的抑郁症状。

总而言之，青春期叛逆的不良情绪，来也匆匆、去也匆匆，意识到自己错误后也会愿意接受批评，但抑郁、躁狂情绪波动往往比较顽固，持续时间较长，更多时候无法自我控制，更易把责任推到别人身上。

Ψ 如何认识和解决抑郁、躁郁症状？ 青少年心灵特别敏感、感情特别稚嫩，独立意识越来越强、心理抗压能力却很弱，尤其是遇到学习的压力、缺乏同学的交流和关心、受欺负（来自老师、同学、社会）等不愉快的社会心理因素，自己非但不能正确地疏泄、排解反而放大成了自己心理上过不去的坎，抑郁、躁狂、焦虑慢慢就来了。

①及时接纳病情，积极接受治疗。鉴别为抑郁、躁狂等症状后，患友和家属尽量做到不慌不忙，生病了治疗就完事了，没什么好担心的，特别是患友应该丢掉羞耻心，接纳心理疾病也是进步的表现。家属作为大人，可尽快了解和学习抑郁、躁郁等症状的相关特征，经常鼓励告知孩子这种疾病是可以被治好的，并有针对性地掌握一些心理排解技巧，积极寻求医生或者其他资源的帮助，努力帮助患友营造宽松的康复氛围。

②转变教育观念，减轻学习压力。大部分父母，尤其是做教师、公务员的父母，都希望小孩望子（女）成龙（凤），不能输在起跑线上，想通过各种方式让孩子进入好的学校，或者通过各种培训班强化孩子学习，高压状态下倒逼着孩子接受安排。但小孩是有个性的，每个小孩是不同的，重压之下出来的"龙"和"凤"，都是功利思想主导，人生观、价值观大概率会扭曲，在未来的生活和工作中可能会付出相应

代价，天才少年、高学历孩子精神和心理崩溃的还真不少，相信这跟我们培育孩子的初衷是相违背的吧。因此，转变教育观念，适当减轻孩子学习压力，让孩子更多地投入到运动、感兴趣的课程等项目上去，应该是个不错的选择。

③逐步尝试锻炼，提升抗压能力。一般情况下，每一个孩子都希望通过成功来获得家长、老师、同学的认可。父母最好花时间去聆听孩子的心声，并与之交流表达家人的爱与支持。孩子做对的每一件事都应该肯定和鼓励；当孩子做错了，不应仅是打骂、责备、惩罚、埋怨，而是帮助他（她）分析原因，以防止以后再错。要使他（她）懂得一个完整的人，犯错很正常，引导其懂得成功是建立在无数次的失败后的基础上的，失败能从中接受教训，并可累积宝贵的经验。作为青少年，正处于成长的关键时段，要记得适当锻炼、健康饮食、充足睡眠，并学会从外围亲友那里获得关于爱的支持，通过实践中的失败来培养自己的心理抗压能力。

〖心灵鸡汤〗努力想得到什么东西，其实只要沉着镇静、实事求是，就可以轻易地、神不知鬼不觉地达到目的。而如果过于使劲，闹得太凶，太幼稚，太没有经验，就哭啊，抓啊，拉啊，像一个小孩扯桌布，结果却是一无所获。只不过把桌上的好东西都扯到地上，永远也得不到了。——卡夫卡

（十三）"休学"的纠结和烦恼

案例：邱先生今年45岁，育有一女，现14岁，小孩儿时好动、开朗，小学期间年年都获奖，文体成绩都较突出，性格争强好胜。孩子小时有睡不着现象，偶尔和邱先生说"爸爸，我睡不着"，但家人当时没当回事。

上初中后，玩游戏比较多，发现和别的同学相处不怎么融洽。特别是从初一下学期开始，天天晚上打游戏到凌晨二三点，有时甚至通宵，直到后来经常不去上课了。后经医院确诊，判断为躁郁症。

鉴于小孩情况较糟糕，邱先生替小孩跟学校请了几个月的长假，现小孩在家休息为主。后发现其言语、文字流露厌世情绪，送医住院治疗有近二十天，现出院在家服药休养，精神状态比以前要好。

邱先生留言问：不知道小孩何时才能复学？

躁狂抑郁何时休

对于正在上学的孩子来说，一旦患有抑郁、躁郁症等心理疾病，那"要不要休学"自然会让父母、老师或者自己纠结。其实作出"休学"决定本身并不难，但一旦"休学"了，要考虑的是治疗、复学等一系列的事情，毕竟谁也不能保证"休学"后会恢复到何种程度。

在考虑"休学"的过程中，父母、孩子之间可能也会出现分歧。比如，有的孩子想休学，但父母不同意，既不想孩子落下学习进度，也担心孩子休学后就颓废了、难以复学；有的父母看到孩子压力骤增、身心疲惫，希望孩子休学调整一下，但孩子反而不愿意。

为了更好地解决问题，那最好消除父母和孩子的分歧，沟通了解、相互磨合后，再作出是否"休学"的决定。由于孩子缺少人生经验，交流往往是缺乏理性的，那这个过程中，父母还是应占主导，但不能无视孩子的病情和感受；孩子应主动将真实的情绪，反馈给父母和老师，并把自己的想法告知他（她）们。在作出决定前，建议分以下三个点，采取循序渐进的方式进行分析研究：

①重视关键点。如果孩子患有重度抑郁症、躁郁症等，病情非常严重，甚至出现自杀倾向，或者伴有妄想、幻觉等精神病性症状，那无论休学与否，都要坚持接受规范化治疗，否则孩子很容易出现意外。

②改进提升点。在孩子接受规范化治疗的同时，父母最

好能学习了解心理疾病和心理学相关知识，努力自我反省、改变和提升，有意识地改善亲子关系，为后续跟孩子进行深入沟通时做好准备，更好地引导孩子作出理性的决定。

③寻找契合点。待孩子的病情明显缓解，情绪相对较平静了，亲子关系有所改善了，父母也掌握了一定的情绪平衡技巧知识之后，再跟孩子深入沟通，了解孩子意愿背后的原因，分析利弊，最后再作出选择。

"休学"是一个很重要的问题，一定要三思而后行。至于最终是否"休学"，还是要根据孩子的实际情况来看：

Ψ如果病情严重到了不得不休息的地步，比如：孩子出现严重的自残行为，行为严重异常，情绪极度低落，或者喜怒无常，过激行为，出现服毒、上吊、跳楼等自杀苗头，以及有威胁他人人身安全的行为迹象，那就毫不犹豫，必须与学校商量考虑办理休学，及时进行心理干预，甚至强制住院系统治疗。待休学治好病之后，用健康的身体来学习，一切都还是来得及的。

Ψ如果"休学"对孩子的病情没有任何好处，反而会变得糟糕、无所适从，那么家长和小孩可以一起考虑边治疗、边上学，专心治疗的同时也不会让孩子和学习完全脱轨。事实上，"休学"看似避免了学校环境刺激导致病情进一步恶化，但也为孩子的社会功能退化埋下了隐患，有可能"休学"之后更加难以走进学校，甚至于再次休学。

Ψ 如果孩子正面临中考、高考关键时期,病情还可以控制,那么家长可以和老师商量采取一种弹性的学习方式,就是孩子症状平稳时去学校学习、严重时回家休息学习。选择这种折中的方式,既可缓解孩子的焦虑、抑郁等情绪波动,也可减轻孩子的学习压力。

〖心灵鸡汤〗人必须接近人,你如果不信,请你闭关独居十天半个月,再走到十字街头在人丛中挤一挤,你心里会感到说不出来的快慰,仿佛过了一次大瘾,虽然街上那些行人在平时没有一个让你瞧得上眼。——朱光潜

（十四）体制内的抑郁、躁郁

案例： 阿炜，35岁，任职于某市直部门，副处级。近期，他拿着医院开的证明到单位请假，说自己长期失眠，白天精神萎靡，无法继续坚持工作，领导出于关心就批准他休假15天。15天时间到了，可他还没来上班。于是，单位里有人就猜测，阿炜可能不仅是失眠这么简单，应该是抑郁、躁郁症或者其他心理疾病。

同事的猜测并非空穴来风，阿炜最近半年上班都没什么精神，经常每天就坐着，也不爱说话，工作也是疲于应付，效率非常低。他有时跟同事发牢骚，吐露出工作压力大、上班没意思、啥都不想干的心声，老是觉得自己一无所有、一无是处，没有了人生方向。

当然，我们无法确切地判断阿炜是否有抑郁症，但是众所周知，体制内已成为抑郁症重灾区。心理学专家赵国秋说，他每周大约接诊15位病人，患友中有一半是公务员，这些人中有一半是外省市的，北上广等一线城市的不在少数。

Everything will be fine ■
躁狂抑郁何时休

　　《齐鲁晚报》也曾报道，浙江大学附属第一医院精神卫生科每天接诊患友 200 多名，一年下来近 7 万人次，其中被确诊为抑郁症的大约占 60%，约一半是公务员。

提个有意思的问题，很多人应该会陷入沉思，甚至会哑口无言！很多企事业单位中的人因工作高血压、心肌梗死等发作，导致在岗位上累倒甚至严重住院，那一般都会受到表功甚或算工伤……但有些人因经常熬夜加班，导致抑郁症、躁郁症发作造成"劳财害命"的，这样又会是怎样一个结果呢？

当前，体制内各级党委、政府部门中，都有不同级别的干部和人员，因为心理障碍而选择轻生或者换岗、离职等。更有一大部分人，在机关里面自感活得憋屈、不自在甚至怨声载道，久久不能自拔。各种例子无不说明，体制内早已成为心理问题的重灾区，大伙儿务必高度重视，特别是当事人应该尽早学点心理学的知识，尽早学会情绪的平衡把控力，尽早为自己、为家庭乃至为工作创造一个宽松和谐的环境。

关于体制内干部和人员容易出现心理障碍，原因是多方面的，主要有三个点供大家对比参照：

①长期高负荷的工作压力，没有及时得到释放和缓解，以至于在日积月累当中形成更大的压力源。与此同时，由于提拔升迁、工作执行等没有有效落实，进而造成心理落差，更加剧了心理障碍的发生。

②体制内管束较多，往往缺少自由，不能随意发表言论，这种情况下一般会造成不利的工作和人际关系，给工作和生

活带来影响,让自己对工作和人际关系的处理产生逆反情绪,进而影响现实中的工作和生活。

③对自己曾经的理想和未来的生活质疑,怀疑自己当初的选择,一定程度上让自己对当前的工作和未来的生活感到悲观、厌世甚至毫无希望,这种负面情绪与日俱增,会加剧自己内心的不舒适感。

如何正确处理体制内工作和未来的生活,除去常规的一些心理平衡技巧,结合自己感悟,有三点建议分享大家参考。

Ψ **冷静看待体制内这份工作**。拥有体制内的工作,只说明给人一个非常好的平台。但体制内的工作,属于平台型资源,一旦失去了这个平台,一个人的形象和资源可能会一无所有。因此。要冷静地看待平台带给自己的东西,不能完全依赖于这个平台。当前获得的成就和面子,是平台给予的,而并非仅靠本人的能力、口碑和形象。弄清楚这一点,个人可能会慢慢淡化对平台的依赖,看清自己的闪光点,进而会去真正地寻找自己的能力和内心,真正弄清楚自己追求的理想和未来的事业。或许每个人应该早点明白,自己所谓的幸福感、获得感可能不是内心所需要的,也不是人生想追求的事情,而只是平台带给自己的虚妄而已。

Ψ **正确看待体制内的三类人群**。一般而言,体制内有三类人群,一类是关系户,二类是做事强的人,三类是相对平庸的人。无论个人是体制内的哪一类的,若想真正"进步",

那务必要跟其他 2/3 人群搞好关系。只有跟他（她）们搞好关系，才可以顺利又没有顾虑地做好工作。但出来混总是要还的！现在这个情况下，哪怕自己是有关系的人，如果处理不好其他 2/3 的人群，那么有一天也会被人家难看；如果自己是能力特别强的人——目中无人，不在乎关系户或者能力一般的人，那么也将活得非常难受；如果自己是能力一般的人，那挤压在能力强和关系户里面，也会活得非常憋屈。体制内就这三类人群，挤压在那空间里面生活来生活去，要想真正地获得感和幸福感，那么个人必须有所付出或者远离他（她）们。

Ψ 理性看清体制内的位置和权力。从辩证观点来看，体制内的位置和权力只是暂时的。当个人到达退休年龄，别人对自己的关注会逐渐减少，自身的掌控能力和机会也将越来越少。如果在一开始没有认识到平台的决定性作用，还对手中的权力沾沾自喜、念念不忘，那么退休时自己的落差感将会非常大。因为自己始终没有弄清楚个人和平台两者的作用孰大孰小，一旦发现自己的话语权失效，那到时的心理落差或者障碍就有可能发生。因此，趁早了解体制内的工作本质，将会让自己在未来的工作落差中及时得到缓解，进而减少未来不必要的内心冲突。

Everything will be fine ■
躁狂抑郁何时休

〖心灵鸡汤〗人生的路,靠自己一步步走出去,真正能保护你的,是你自己的人格选择和文化选择,那么反过来,真正能伤害你的,也是一样,自己的选择。——余秋雨

（十五）"懒"人的对话

案例：小佐和小佑是初中同学，都是15岁，进入初三后，两个人都变得有些懒，班主任觉察到他们的状态后，找他们谈心，想知道他们到底是怎么想的？

①老师：你们都不想学习吗？

小佐：只要不学习、不做作业，我就会感觉很开心！

小佑：我很想去上学，但因为注意力不集中、记忆力下降，导致上学非常痛苦！

②老师：你们作业怎么写得这么慢？

小佐：我觉得这些题目，自己能在短时间内完成！

小佑：我连这些题目都做不来，我真没用！

③老师：你们为什么都不太主动？

小佐：我只做自己喜欢的事情！能不自己做，就不自己做。

小佑：学习耗费了所有力气，整个人感觉被掏空了！

④老师：你们怎么老喜欢躺着？

小佐：什么都不用做，真的很舒服、很安逸。

小佑：我很想去做一些事，但自己没有精力，也没有动力。

很多人会注意到，抑郁、躁郁症患友发作时，整个人会变得异常"懒惰"，什么都不想做，经常躺床上翻看手机或者直接睡觉，有时晚上又整夜睡不着，一躺就是几天，有些甚至一个人封闭在房间里足不出户的状态可以持续一周、半个月甚至更久。

经历过这种疾病的苏格兰诗人罗伯特·彭斯对情感障碍描述到：白昼承接着黑夜，黑夜承接着白昼，只能在诅咒中度过余生，让人毫无快乐可言。他的描述确实很形象，我在发作期时，这种状态基本能持续一周或者半个月，当然这还不包括一天内偶尔的情绪波动。哪怕到现在，自认为走出了抑郁、躁郁症，但每次出现这样的"躺平"状态，我还是觉得病症没有彻底好，当然现在对出现这样的状况，自己心态会变得非常平和，特别焦虑、惶恐的感觉慢慢没有了。

但是，既然会出现这样的状态，那就要寻求原因，为什么会出现这样的表现呢？从精神方面分析抑郁、躁郁症（主要是郁期），是指攻击性指向了自我，即自我攻击太过于严重。个人比较直观的感觉，"变懒"是因为强烈的心理冲突，消耗了自己大量的能量，导致注意力难以集中，理解力和记忆力下降，行动力大打折扣，哪怕原来对你来说很简单的事情现在都觉得很难。当然，这个只是我的内心体会，也是表面现象，具体深层次的原因还需要学习和研究。

根据相关资料介绍，抑郁、躁郁症（主要是郁期）所表现得"懒",从临床医学角度看,可以理解为快感缺乏,它表现为患友对以往喜欢或对自己有益的活动失去兴趣,表现出心境低落、思维迟缓、活动减退、认知功能损害、躯体不适等症状。患友会对交际、工作、爱好甚至食物等失去兴趣,好像大脑感受快乐的回路停止或者短路了。

在我看来,抑郁、躁郁症就是一种疾病,它像糖尿病、高血压、心脏病、胃病等一样都是疾病。而抑郁的"懒"仅仅是表象,患抑郁、躁郁症的人内心痛苦,当你看到他懒在床上看似没什么,但是他的心里是自卑、恐惧、焦虑的,早已掀起层层浪花。从上述经历体会来看,是个人快乐的缺失,思维的不断反刍,负面情绪造成的拖延,以及抑郁带来的疲惫感,综合作用下人最终会显得"懒惰"。

因此,抑郁、躁郁症患友的"懒"不是真的懒,他只是生病了,就像人感冒了会发烧、流鼻涕,血压上来会头晕,胃病犯了会疼痛,等等,那抑郁病发作了、人会懒,就是这么简单的道理。

而了解了"懒"的内在原因,我们应该大致知道解决的方向了,除了药物、心理排解、家庭疗愈,还需要自己行动起来,可以学习一些放松法,可以通过跑步、打球等运动起来,尽量转移空间环境,不让自己沉浸在一个房间里过久,相信你最终会走出来的。同时,希望周边的人或者抑郁、躁郁症患友家属多理解他们，他们只是病了，需要时间去治疗，需要家人去关爱。

〖心灵鸡汤〗懒惰是很奇怪的东西，它使你以为那是安逸、是休息、是福气；但实际上它所给你的是无聊、是倦怠、是消沉；它剥夺你对前途的希望，割断你和别人的之间的友情，使你的心胸日渐狭窄，对人生也越来越怀疑。——罗曼·罗兰

（十六）木讷、迟钝，终究会消失

案例：阿青，42岁，早些年当兵回来后因精神疾病发作，被家人绑起来拉去住院，其间，遭受了各种折腾，吃药、怨恨父母、离异……后来虽已情绪稳定，但人已经变得木讷，经常一个人坐着发呆。如今，他只在一个厂里当临时工，好端端一个人，变成这样真的太可惜了。

阿青是曾经的学霸，从小聪慧、性格刚毅，好打抱不平，中考时考出优异成绩进入重点中学。后来，家庭遭遇"飞来横祸"，同样成绩优异的弟弟在初三时，因夜晚睡觉不小心从床铺上摔下来不幸意外离世，这次创伤让整个家庭蒙上了阴影。

后来，阿青因为跟人打架斗殴被学校开除，被退到普通高中继续上学。于他而言，这又是一次打击。高中毕业后，家人安排他去参军入伍，但最终没能把他从困苦中拉上来。

当你患上抑郁、躁郁后，特别是陷入抑郁期，你自己或者身边的人往往会觉察到，你突然变得木讷、反应迟钝了，行动时总比别人慢一拍。当亲人患病时，我能明显感到他（她）是木讷的，经常呆坐在一个角落里；当自己患病后，我也能体会到自己总会钝一会，回过神来时往往人或事已耽误了。

　　表面上来看，患病后的"变木讷"跟"变懒"有点相似，但实则还是有本质区别。"变懒"一般是因为患友思维反刍和精神内耗，向内斗争激烈导致身心虚脱，整个人的精气神没了，变得疲惫、懒惰。而"变木讷"往往是因为患友出现思维反应迟缓，感觉到脑子像抹了糨糊、像生了锈一样，对某一个问题需要较长时间的思考才能够得到答案。另外，还有一个共同因素，就是药物的作用，药物的使用有时会让人显得迟钝，总是慢人一拍。

　　当然，抑郁、躁郁症患友的"木讷"也不是真的木讷，大伙儿只是生病了而已。当症状稳定或者康复后，反应迟钝、脑子生锈等现象一般都会消失，慢慢地回到之前的状态。因此，关于患病后的种种变化，大家不要为此过于担心。

　　那么怎样才能不再"木讷"呢？解决的路径也是大同小异。

　　首先，常规的方法有：药物治疗、心理排解、家庭疗愈、运动改善等,同时还需要自己行动起来,可以学习一些放松法,可以通过跑步、打球、写作等运动起来。

其次,平时注意休息少熬夜、饮食营养要均衡,尽量避免长时间熬夜低头玩手机等。

最后,学会放松心情,遇事多与家人朋友沟通,多到户外活动,相信医生相信科学,合理治疗能恢复正常的。

泰戈尔有一句诗是这样说的,"夜晚的黑夜是一只口袋,一只盛满了黎明金光的口袋,黑夜之后便是白昼,黑暗之后便是光明。"黑暗之中孕育光明,夜的深处悄生黎明。相信,我们一定会等到黎明来临,直至东方破晓。

〖心灵鸡汤〗任何命运,无论如何漫长复杂,实际上只反映于一个瞬间,那就是人们大彻大悟自己究竟是谁的瞬间。——博尔赫斯

（十七）虎之"激惹"，狗之"激越"

案例1：小海，29岁，退伍后现就职于一家工业企业。儿时起，父母常年在外打工，因此从小对他的关爱自然就少了些。父亲性格暴躁，经常酗酒、赌博，还打骂母亲，家庭氛围比较糟糕。长大后，小海经常跟母亲吵架，动不动就强迫母亲向他道歉，时常对母亲动粗。在工作时，工友稍微一激他，他马上愤怒地瞪回去，并骂道：信不信我揍你！

案例2：小洋，30岁，毕业于某名牌大学，就职于某知名互联网公司，后来由于工作和感情问题，心理出现了障碍。有时他觉得自己非常厉害，什么事情都能解决，而且精力十分旺盛，每天只睡3个小时都不感到累。小洋与人相处时经常不顾及他人感受，情不自禁地想掌控一切，一旦事与愿违就发脾气，跟同事、家人甚至客户吵架。

Everything will be fine ■
躁狂抑郁何时休

不少患友和家长问,是不是经常发火就是躁狂发作了?为什么明明同样是"发火",有人被医生诊断为抑郁症,而有人却被诊断为躁郁症?对此大家十分困惑,经常被搞得晕头转向,难道"发火"还有区别吗?对于抑郁症、躁郁症的诊断,这"发火"还有什么讲究吗?结合我自己的亲身体验和患友的真实反馈,跟大家分享下有关感受和认识。

在实际生活中,患友的"发火"往往都会表现出攻击性,但攻击的目的却有不同。当陷入抑郁状时,患友的攻击一般以防卫为目的,这类发火在精神病学中被定义为"激越";当躁狂状发作时,患友的攻击一般以掌控为目的,这类发火被定义为"易激惹"。"激越"和"易激惹"的行为,表面上看几乎一样,但两者的心理归属完全不同。

为了更形象地让大家区分激越和易激惹,有人将激越比喻为"狗的防卫性攻击",比如当狗受到打扰、惊吓时,它往往会表现出恐惧或者愤怒,被动地对人发起攻击,因此激越更像是焦虑、抑郁的表现之一。而将易激惹比喻为"老虎的捕猎性攻击",比如老虎在捕食或在领地受到侵犯时,它所表现出的愤怒,主动地对其他动物发起攻击,激惹更像是躁狂的表现之一。

记得读高三时,由于学习压力和失恋的原因,有段时间我的情绪非常低落,踢球时经常感到无法集中精力,提不起劲头,当别人阻断自己时就会非常生气,甚至恶语相向、推倒对手，搞得同学们都莫名其妙。而平时的自己，与同学之间感情都非常好，踢球时也充满激情，经常觉得整个球场都是自己的，只是有时队友失误或者对方犯规时，自己会显得急躁，会对对方发飙。很显然，这两种情形的"发火"是不同的，前者是激越状态，后者是易激惹状态。

同样的发火，却可以表现出不一样的攻击，这对于判定躁郁症还是抑郁症具有非常关键的作用。案例一中的小海，他一直是敏感、自卑的，对外界的人和事非常警惕，对母亲的攻击更多是出于多年积怨的泄愤，因此他的"发火"应该归为激越，他更可能是抑郁症。而案例二中的小洋，他自我评价比较高、掌控力十分强，他的"发火"自然应归为易激惹，他更可能是躁郁症。

（十八）伴有妄想、幻听，这还是躁郁症吗？

案例： 阿航，23岁，高一时情绪上有点问题，出现了幻听、妄想，但不是很严重，到了高三变得严重起来，医院初步诊断为精神分裂症。后来考虑到马上要高考，虽然他已经觉得上学很吃力，但家里人还是没有让他休学，于是他边吃着药、边上着学。其间，他实在学不下去了就请假，有时也做心理咨询，但感觉没有康复的迹象，就这么硬撑着去了大学。

"屋漏偏逢连夜雨"，在大学的三年时间里，阿航被冷暴力孤立，没有可以相互交流的人，在这种环境下他的病情越来越严重，情绪波动成了"家常便饭"。有时他吃饭时会惊恐发作，被害妄想时就疯狂砸手机，于是他求爸妈让自己走读，说自己在这里待不下去，但爸妈他们不愿意。

最后一年阿航开始实习，脱离了学校的环境情况有所好转，但依然情绪不稳定，时不时地抑郁，时不时地躁狂，也曾经在一个人时控制不住地哭泣。

上了大学，阿航原本以为这一切都结束了，可以开启新的生活，可以去专升本提升学历，但又发病了，医院正式确诊为躁郁症，然后他开始接受治疗。

前几年，我的姑妈突然怀疑有人要陷害她，且深信不疑，同时经常觉得家中的东西被人拿走；有时也说自己听到了什么声音，但家人却完全没听到。起初，她被当地县级医院诊断为精神分裂症，后来到省级医院检查才发现被误诊了。

对于妄想、幻听等精神病性症状，跟大多数人一样，我曾经认为这是精神分裂症的标配，但在与躁郁患友的沟通交流中发现，有不少人也会经常出现妄想、幻听等症状。后来，在专家的指导和自己学习的过程中，逐步了解到了其中的关联和区别。

Ψ 什么是精神病性症状呢？ 当患友出现幻觉、妄想等时，往往与现实状况无法正确建立链接、现实感缺失，这类症状就称为精神病性症状。幻觉包括幻听和幻视：最常见的幻听，就是听到别人听不到的声音；幻视，就是看见别人看不到的东西。妄想包括被害妄想和夸大妄想：最常见的被害妄想，就是怀疑有人要陷害自己；夸大妄想，就是相信自己具有超能力或具有特殊影响力的人物。

在心理疾病中，精神分裂症是主要由妄想、幻觉等精神病症状构成的疾病。大部分人认为精神病性症状一般会出现在精神分裂症等疾病上。事实上，出现妄想、幻听等精神病性症状并不表示患友就是精神分裂症，某些躁郁症患友也会出现这样的精神病性症状。

Ψ 如何区分是躁郁还是精神分裂症呢？ 主要分三种情况：

第一种情况，患友只有在抑郁、躁狂等情绪发作时，才会出现妄想、幻听等精神病性症状。精神病症状伴随着情绪发作出现，也就是抑郁、躁郁等情绪是主要核心症状时，诊断就偏向躁郁症，准确来说是躁郁症伴有精神病性症状。例如，有些患友转入抑郁状时，一直觉得旁边的人会害自己或者说自己坏话；又觉得别人能知晓自己内心的想法。有些患友转入躁狂状时，会认为自己具有超能力、影响力巨大，能安排别人或者哪个组织完成一项大事。

第二种情况，患友在有段时间抑郁、躁狂等情绪症状和妄想、幻听等精神病性症状同时出现。但是当抑郁、躁狂等症状消失后，患友仍有妄想、幻听等症状。情绪症状主要跟随着精神病性症状一起出现。一般情况下，发作时，抑郁、躁狂等情绪症状和妄想、幻听等精神病性症状同样明显。如果在抑郁、躁狂等症状恢复后，妄想、幻听等症状还继续超过2周，那么诊断应该偏向为精神分裂症。

第三种情况，吸毒、酗酒、药物滥用等行为也会造成妄想和幻听。特别是患友在抑郁、躁狂等情绪发作时，会经常使用吸毒、酗酒、药物滥用等方式来进行自我排解，这个过程中可能会让患友出现妄想、幻听等精神病性症状。上述情况，诊断应较为明确地为躁郁症。

Everything will be fine ■
躁狂抑郁何时休

总而言之，患友出现妄想、幻听等精神病性症状并不代表他（她）就有精神分裂症。整个诊断，必须由专业的医院医生进行认真观察、仔细评估，才能下最终的正确的结论。

作为患友，务必要找到好的医院和医生，多比对、多研判，有时需要多次问诊才能得到理想的结果。寻求医生的帮助，关键是希望医生能科学鉴别诊断，明确到底是以抑郁、躁狂情绪症状为核心的躁郁症，还是以妄想、幻听等精神病性症状为核心的精神分裂症。最后确诊完，那务必对症下药，按时服药，确保取得良好的疗效。

〖心灵鸡汤〗就像孩子那样，让自己感觉每件事都对自己非常重要。找个借口搞庆祝，编个理由去派对。——劳拉·简·威廉姆斯

（十九）怨恨父母的"梗"，何时才能了？

案例： 2021年12月1日，摄影师"鹿道森"的遗体被发现，于当天上午10点左右被救援小组的志愿者在浙江舟山附近海域找到，并被警方确认身亡。广大网友抱有的一丝希望业已破碎，太令人遗憾和伤感；对于他的家人来说，更是留下一生的痛苦和悔恨。斯人已去，令人悲痛不已，但生活还要继续。

从"鹿道森"的遗书中，我们了解到他承受过一些困苦时段，曾经历了校园凌辱，失去过家庭的温暖，后来通过天赋和努力，将摄影作品做到极致，并想通过这样的努力得到灵魂的救赎，但却又遭受了生活的困顿。很多人都会问，究竟是什么让这样一位善良帅气的年轻小伙，选择了放弃生命呢？

躁郁、抑郁发作的时候患友为什么会怨恨父母，这是很多家长感到非常纳闷的一个问题，他们往往想想就觉得既生气又疑惑。我前期发作时也遇到了这样的情况，就是发作的时候会仇恨父母包括兄弟姐妹。后来问了很多患友，大部分人反馈也都是这样。很多精神科医生和心理学家对这个现象，也很难会给出一个标准答案。那到底是什么原因呢？结合自身经历，谈谈个人的观点。

首先，这可能是因为儿时养成的依恋。我们在成长的过程中都会有这样的一个体会，当你从娘胎里生下来后，想吃奶、想翻身、想抱抱等，第一时间想找的就是父母，这是从小到大的依恋，久而久之就会变成习惯。慢慢长大后，随着你的独立性增强，依赖性可能会减弱，会让你淡化那种依恋感。当躁郁、抑郁发作，那种无力感又一次转向父母寻求解决，可是她们以为你已成人，再也不可能像婴儿时期那样对待你，也无法弄清你的真正需求，想法的不平衡，导致你会怨恨她们。

其次，原生家庭日积月累的教育问题。比如，家庭父母亲以前经常吵架，或者对兄弟姐妹的不平衡的关爱，或者父母离异、从小对患友打骂等因素导致了患友心里有阴影。虽然患友平时不会表现出来，但是当他生病的时候，那就会有怨言怨恨，在躁狂、抑郁、焦虑等情绪下彻底表现出来。

再者，双方期望出现矛盾。当发作后，患友自感苦恼和迷茫，非常迫切希望得到他人特别是家人的理解和帮助。就像人已跌入井底，好不容易爬到井口向外求助，而家人的不理解和责怪，就像一脚把他又踢回井底。而同时，家人又觉得患友太不争气，辜负了家人这么多年的养育和对未来生活的期待。患友和家人之间的期望互相不对等，一定程度上加重了怨恨情绪。

最后，家人对症状的不理解。家人对这个病症是陌生的，他们跟大多数外人一样，不认为你是一种病，或者是认为你就是想多了、抗压能力差，或者觉得你这是在作。明明这个时候需要取得家人的支持理解，但是家人却起了反作用，这样的话也就增加了患友对家人的怨恨。所以，这样持续一段时间就会对家人的怨恨反而加深，平时是没感觉的，这个时候会加重。

当然关于患友对原生家庭的怨恨现象，原因很复杂，也没有什么科学原理和理论支撑。但这又是一个共性问题，一个普遍现象，很多没得过症状的人是不理解的。

能否正确处理好与原生家庭的关系，对患友症状的治疗是非常关键的。处理好了，比药物治疗还要有用；处理不好，起的反作用是非常大的，会加重病情，这个我自己也深有体会，所以说我们在原生家庭这一环节尽量就是让它的作用正向发展，不要起反作用。

症状发作后，我的家庭支援情况一开始也是很糟糕的，前半年父母亲和我的关系非常不和谐，他们经常会讲一些不顺耳的话，然后我也顶着与他们干，导致了自己经常跑出去、离开家，根本没有一个很好的沟通渠道。后来，通过我舅舅作为中间人的形式，把这个病情告诉家里人，跟他们解释需要家里人怎么做；也跟我讲了，怎么跟家里人沟通，然后慢慢搭建了很好的一个桥梁。

如何真正走出原生家庭的"阴影"，结合我自己，建议有三。

Ψ **马上和解**。作为患友，在清醒的时候，没有发作时，要想办法和解，要跟家人和解，当然可以找第三方去沟通，让他们知道你病了，否则这个情绪堵在心里是更加不利于病情的。作为家人，要及时把患友当病人，好比他得了心脏病等，你们肯定会改变态度，那这个病也一样，特别需要家庭的温暖和关爱，家人更应主动和解。

Ψ **认真解释**。患友清醒时，要把自己的病情跟家人说，也可以把这个病理或者病因跟他们讲，让他们也重视这个病，同时说明需要家人怎么做，平时注意些什么等。毕竟家人也希望患友早日恢复健康，他们也不希望患友一直有心理障碍。家人要及时重视了解这个病，交流时注意方式方法，有条件的家人可以学些心理方面的知识，跟患友一起共同治病。

Ψ **趁早自救**。往往患友会有自救的意识和欲望，如果能加上家人的陪伴和关爱，那么患友的康复环境就有了保障，而且康复起来，会非常顺利的。作为患友，清醒时要勇敢点，要敢于面对它，积极治疗起来，那症状也会绕道走。同时家人们的走心陪伴和理解、尊重，将是患友康复的保障，将会助力患友康复，这也是整个家庭所喜闻乐见的。

相信解决了以上三个方面，那基本上原生家庭的问题也会解决，毕竟也不是什么深仇大恨，大家的目标都是一致的，都是为了患友病情早点治愈，这也是整个家族所渴求的。

还有一个例外，那就是出现原生家庭关系无法和解的情况。面对这种现象，那采取远离父母、远离原生家庭的方式，可能也是一种选择，特别适用于往往已有一定的年龄和人生阅历的患友。远离父母、远离原生家庭，是一次排毒的过程，它可以让你找到真正的自我，可以改变自己原有的认知结构，改变根深蒂固的、不合时宜的错误认知，彻底切断原有认知带给你的一系列负面思维、情绪和关系。在这个过程中，你能真正地成长、真正地回归自我，实现人生的一次跃升。

当然，远离父母、远离原生家庭不是彻底不联系，是为了提升自己、强大自己。

〖心灵鸡汤〗和你在一起的时候，我的心中就会混杂着两种情绪，快乐又悲伤，欢喜又寂寞，温柔又冷漠，深爱又徒劳。——《四重奏》

Everything will be fine
躁狂抑郁何时休

（二十）亲密关系，为什么很难持久？

案例： 阿涛，34岁，独立经营一家外贸公司，因工作需要，经常国内外飞来飞去。随着业务的压力日趋增大，抑郁情绪越来越明显，有时想着想着就感到人生没意义，悲观、失望、自责、压抑的情绪持续蔓延。

30岁时阿涛相处了一个女朋友，感情一直比较好，准备过几年就结婚。恋爱的第二年，他经常因为自己的抑郁状态导致过分依赖对方，跨国通话时常常因为一方不理解、一方太强求而结束。

后来，阿涛逐渐意识到了自己是抑郁症，为了让双方都不再痛苦，就选择了和平分手。然而女朋友虽然觉得伤感情，但也一直放不下，反反复复持续了一年。在朋友的陪伴下，阿涛的抑郁症慢慢得到缓解，与女朋友也恢复了之前的相处模式。

但好景不长，阿涛的企业因外部环境导致资金链紧张，恰逢家庭又遭遇变故，他又转为了中度抑郁。其间，他总是期望在亲密关系中的女朋友多关心自己一些,甚至以分手作要挟,而女朋友又认为他无理取闹,对他心生厌烦,可是又舍不得这样放弃一段三年的感情。

阿涛想知道,抑郁症的人究竟应该如何处理亲密关系?有时候情绪激动下出口伤人,往往不是自己的本意。他每次提出分手,也只是因为不想伤害女朋友,但结果却把她推得更远。这样的情况下,自己是否应该继续维持这段感情?

Everything will be fine ■
躁狂抑郁何时休

在与很多患友、家属的交流沟通的过程中，会发现一个非常奇怪而又真实的现象：在男女相处的过程当中特别是男女关系方面，抑郁、躁郁症患友很难与对方维持一种持久的亲密关系。通俗来讲，就是在男女关系当中，患友经常会跟对象提出分手或者离婚，时间选择不分感情深时还是浅期。

在我发作期间，这种情况也时常发生，确实跟对象提过N次的分手，更多情况下是情不自禁作出的决定。后来根据与大部分的患友、家属交流确认，这种现象确实会产生并且比例非常高。如果提早知道这种现象是一种心理症状，那么当事人就会重视这种症状，及时做好心理准备并采取应对措施，以免让友情或者爱情产生不必要的断裂或伤害。

Ψ 为什么会这样呢？万事都有源头。当抑郁、躁郁症状发作后，患友很难维持持久的亲密关系是有原因的。简单的缘由，除去恋爱技巧的缺失之外，更多的是因为患友生病了。患友生病后，他（她）的情绪往往是波动的，或躁狂、或抑郁、或焦虑。

轻躁的时候，他（她）跟正常时是几乎无异、甚至更加有亲和力，显得兴奋、有冲劲，他（她）会对对方特别地热爱、特别地关注、特别有激情，对方也会感觉到他（她）的真诚，也很有吸引力。毫无疑问，这分明是正常的恋爱模式啊！但是，陷入抑郁状的时候，患友的情绪变得低落、消沉，对感情前景、对婚姻关系，往往会感到没有信心，或者无力应对这份感情。他（她）需要有人关注、需要别人疼爱，但又无法采取理智的方式来应对，往往会采取"伤人不利己"的方式，即通过拉黑、分手或者是离婚来处理。

当患友陷入抑郁的时候，自我向内斗争、反刍思维加剧，降低了他（她）的能量，削弱了他（她）的情感应对能力，那么当他同步碰到情感问题的时候，自然而然会缺乏精力、缺失理智，更不会有合理的恋爱技巧。事实上，患友选择拉黑、提分手、离婚，更多的可能是他（她）想寻求支援、寻求关爱。如此矛盾的心理，让他的内心会非常煎熬。

Ψ 结局往往会是怎样？ 当然，如果患友对象确认是真爱，并知晓这种症状，那么往往会去研究这个病，容忍其情绪波动、他（她）的各种"作"，然后针对性地去陪伴，帮患友缓解内心压力，耐心地等病情康复，那么双方的亲密关系还是会持久下去的。

但是现实生活当中，当患友的这种不稳定的情绪折射到对象当中，更多的人是不会接受、不会理解的。一旦对象忍受不了，自然会影响双方原本和谐的恋爱关系，那么等待他（她）的结局，大概率就是以关系结束收场。

Ψ 患友和对象双方应该怎么办？

作为患友，要清醒地认识到这是情绪波动之后的症状。

就像乱消费、乱投资、乱打人、乱骂人等，这是躁郁转抑郁时的症状表现。当你发作的时候，虽然很难，但是要尽量知晓自己生病了，尽量控制自己的情绪，尽量少说分手，或者用暂时冷却的方式，跟对象刻意保持一定的距离。当情绪稳定之后，再跟对象去交流。特别是轻躁或稳定时，多关爱对象，并适时把自己的症状跟对方说清楚。跟对象解释说，陷入抑郁的时候自己会非常糟糕，希望对方认识、理解和包容。相信只要以诚、以心相待，那任何情感关系都可能会得到有效的缓解和改善。

作为患友的对象，如果是真爱的话，那么当他（她）患了抑郁、躁郁症后，希望你能了解这个症状的特点，特别是内耗导致的不理性的做法，你们要有一个预期和判断。当他（她）在这个症状发作的时候，你们能理解就包容对待，陪伴其一起度过，如果觉得无法包容，那你自然可以做出你心中的决定。如果真心想陪伴对方，度过那段黑暗的日子，那建议大家看看美国的心理学家凯·杰米森写的《躁郁之心·下》的"有他陪伴，夫复何求"那一部分内容，里面基本上告诉了如何陪伴躁郁症伴侣。

〖心灵鸡汤〗人都有个别过不去的心魔，比如想念一个不该想的人，比如维护一个必败的局。——《四重奏》

（二十一）讨好人，是个坏习惯

案例： 小西，29 岁，他从小在一个普通家庭长大，父母在县城做小本买卖，生活艰辛但也算平稳，一家五口人其乐融融。小西分别还有一个哥哥和妹妹，哥哥比他大 3 岁，妹妹比他小 5 岁，上面有哥哥下面有妹妹，很多人都觉得他很幸福。

对待别人和朋友，小西总是面带微笑，别人都觉得他很好相处，从小就被夸乖巧，因此小西更喜欢笑着和别人说话。很少给别人制造麻烦，一般不会和人发生冲突，好像是从小就有一颗敏感的心。

在外人眼里，小西是那种乖巧懂事的男孩子，爸妈也经常引以为傲。每次被别人夸，他都很开心，觉得要变得更懂事，不要让爸妈为自己操心。但是，他的内心却缺乏安全感，害怕自己一个人走，害怕别人的目光，害怕尴尬，喜欢和别人一起玩。

和小西相处过的人，都说他是个单纯、善良的人，但是只有他自己知道,这是因为内心的极度缺乏安全感,才想处处讨好别人,这不是刻意的。

有时候,小西会自我怀疑,觉得自己虚伪。他经常反省自己到底是个什么样的人,总觉得自己的心里住着两个人,他俩之间经常打架,让自己犹犹豫豫、患得患失。

抑郁、躁郁症的经历，让我知道了自己是一个讨好型人格的人。从小父母"吃亏是福"的教育观念，深深影响了我，使自己在工作中受益过，但也推动了抑郁、躁郁情绪的发作。

讨好型人格一般指一味地讨好他人而忽视自己感受的人格，一定程度上压制了自己的情绪，是一种不健康的心理状态。很多"讨好型人格"的人，他们往往忽略了对自我的肯定，这样很多内在的冲突就出现了，比如躁郁、抑郁、焦虑等。

在家庭方面，由于在与原生家庭父母和兄弟姐妹们互动时，形成了讨好父母、讨好兄弟姐妹，不敢展现自己真正的内心，而采取牺牲自己来顾全家庭其他成员的方式，进而来维持整个家庭的情绪平衡；在社会方面，由于养成了在家庭的互动习惯，在外与人交流时，也经常会讨好朋友、同事、领导等，逐渐形成讨好型人格，让外围的坏情绪源源不断地涌向自己，最终导致自己内心的负面情绪不能有效地得到宣泄，逐渐失去心态方面的失衡。

主要表现特征有：

①一帮人分西瓜，总是让别人先拿，哪怕他自己渴晕了也不好意思先拿。

②别人拒绝他的时候态度坚决，而他拒绝别人的时候，感觉自己丢了魂一样。

③和别人在一起时，总是怕冷场，一直主动去找话题。

④不敢表露出坏情绪，不敢哭，因为怕自己的负能量会影响到别人。

⑤别人借了自己钱，不敢谈还钱的事，实在活不下去了开口要求还钱，仿佛是自己做错了事情，等等。

如何改变讨好的行为，去做真实的自己呢？我的体会是要勇于展现自我，敢于向别人说"不"，合理设立界限，及时堵住坏情绪的入侵，把坏情绪排解出去，做到内心情绪的平衡，让整个人处于正常健康的心理状态，最终避免心理问题的发生。建议三点，希望对大家有帮助。

Ψ **别太追求完美，多爱自己**。无论在生活还是在工作中，都应该接受不完美的自己和事，没有人和事是十全十美的。我们需要正视不完美，接受不完美，才会以客观和真实的视野去看待世界。我们常常不知道如何去肯定自己、爱自己，让焦虑、自卑、压抑等情绪纠结自己的内心，但其实谁人又都是完美的呢？

Ψ **及时设立边界，合理拒绝**。在生活和工作中，我们有时分不清楚什么是自己的事，什么是他人的事，甚至将他人的事看成是自己的事，搞到最后傻傻分不清，还要优先考虑他人感受，自己却留苦闷在心中。"吃亏是福"的观点是不对的，合理的做法应该是，无论在人际交往还是在亲情关系上，我们都应该树立边界意识，能够坚决对他人说不，不是你的事，或者不是你的能力可以做的事情，应该合理予以拒绝。

Ψ 充分肯定自己，超越自我。讨好型人格的人，往往存在不合理观念，在潜意识里是不认可自己的，认为自己不如别人，实现不了价值，对社会没有意义，日积月累就会产生严重的自卑情结。我们需要真正改变自己不合理的认知，充分肯定自己，树立强大信心，不断地超越自我，实现自身的价值，再也不用将自己价值的体现，讨好在他人身上。

同时，还有一个需要值得关注的问题，那就是讨好型人格的人，最后可能会走向另一个极端。因为压抑自己、讨好别人太久，终于积压到某个临界点，倒逼着情绪全面失控。这个过程中，有时会产生隐形攻击，因为在工作和生活中隐藏了自己的情绪和需求，没有表达出自己的态度和想法，所以内心很不快乐，于是便通过其他事情有意无意地表达自己的不满，常常把别人搞蒙，进而影响到自己的整个状态。

因此，希望伙伴们及时作出改变，千万别太好了，多爱自己、明晰边界、肯定自我，该反抗时就反抗，该拒绝时就拒绝，努力做一个真正爱自己的人。

Everything will be fine ■
躁狂抑郁何时休

〖心灵鸡汤〗从小被教育,爱这个爱那个,其实很简单,在你最困难的时候谁爱你,你就爱谁。——莫言

（二十二）疯狂消费、过度投资的背后

案例：阿宁，40岁，从小家境贫寒，20岁出头开始到全国各地创业拼搏，为人仗义，性情急躁，敢于闯荡，短短几年时间靠做煤炭生意赚取了人生的第一桶金。后来一发不可收拾，整个人显得异常兴奋、自信，精力非常旺盛，做事也果敢，到30岁时他已成为亿万富翁，于是置办起了办公厂房，加入各种商会，返乡投资反哺，一时间成为炙手可热的成功乡贤。

成功后，阿宁延续了之前的大方客气，只是因为财富多了，出手的数额更大了，有些人情往来，一下就是几十万。有些只有一面之缘的老乡，因资金周转困难向他求助，老乡一个电话，他就转给对方50万元；有个生意伙伴乔迁，他为了仗义就买了两个30万元的石雕相送。类似这样的阔气事情，他做得非常多，周围人怎么劝都不听。

35岁时，为了业务转型，他力排众议，决定涉足生物医药行业，专门成立研发团队，花重金研发新产品。正当他意气风发，准备大干一场的时候，限于市场变化和运营问题，

Everything will be fine ■
躁狂抑郁何时休

各种变故层出不穷,再加上平时没有节制地支出,短短几年公司就陷入了低谷。

曾几何时，大部分人都将一个人的乱消费、乱投资现象，归因为他（她）没有节约意识、自控力太差等。但随着现在心理研究的深入普及，越来越多的人知道这可能是源于心理障碍——躁郁发作，特别是躁狂发作往往会导致"超积极思维"，患友想通过投资、消费、赌博等行为来缓解紊乱情绪，以达到一个舒适圈、寻求心态平和，殊不知日积月累将会导致负债问题。这个道理其实跟通过抽烟、喝酒等方式缓解压力一样，只是抽烟、喝酒败得是小财，而乱消费、乱投资可能导致家破人亡。

美国躁郁症研究专家凯·雷德菲尔德·杰米森这样形容躁狂来临时的心境："当躁狂降临，我的心灵似乎在自我竞速，想法纷至杂沓，脑内充满未及理清的神经活动，不受驾驭，如脱缰野马的心灵，于是带来种种疯狂的行为，如：毫无节制地购物……"这种经历我深有体会，不知道什么时候起轻躁情绪悄无声息地在自己脑里盘旋，慢慢地从几千一天心疼到几万一天出去没感觉。直到后来躁郁症发作，复盘后才知道那就是轻躁状的表现，而我的发作原因是源于长期加班熬夜、工作不满情绪积压导致，那时大脑神经系统已发生紊乱。

在和很多患友和家长的交流沟通中发现，躁郁症状的明显表现之一是无节制地消费购物，他们在购物过程中，很享受购买过程中的兴奋感和满足感；很多时候买来的东西连包裹都不会拆开看。他们想通过这个消费的行为让自己处在一种兴奋的状态，通过这些行为来回避糟糕的情绪，让自己更多地待在兴奋期。

关于患友疯狂消费、过度投资的成因是多重的，我们从以下几个维度来分析：

Ψ **躁狂自信时，想要尽兴**。躁狂发作时，精力异常充沛，会让人感到无比快乐或愤怒，经常做出一些未经慎重考虑的决定。患友会觉得自己状态很好，十分自信且有力量，预设了一堆目标和计划，觉得自己都可以实现。时常想着通过消费、投资来满足内心需求和愿望，比如有些患友想要尽快改变企业困境，于是使用贷款资金用于投资风险系数较高的项目，可是等拿到之后又觉得无所谓或者不上心，于是在这个状态中不断地"擦抢走火"。此时的患友常常只关注"买"或"投资"这一行为，而并不考虑自己是否真实需要，事后也会懊悔、自责，甚至觉得自己不可思议。

Ψ **心情低落时，想要满足**。有些患友一直处于非常低沉的状态，当陷入深度抑郁时，想通过请客吃饭、购买商品、直播间刷礼物等方式让自己感觉好一些。他（她）们觉得上述行为能够帮助自己排解心中的压抑，释放内心的苦闷，暂时忘记外界的烦恼。还有些患友，与父母关系不好，出于对父母的愤怒和报复心理，他们会疯狂花父母的钱来买东西，不管那些东西能不能用上，只要能让父母头疼，他们就达到目的了。

当然需要提醒的是，出现乱投资、乱消费不一定就代表这个人有躁郁症，确实存在一部分人是由于肆意挥霍、习惯成瘾。只有经医生评估确诊，才能进一步作出判断。对躁郁症患友来说，情绪波动确实可能会让患友尝试用乱消费、乱投资、乱性等方式来舒缓压力。而这一切的根源在于心理。因此，修复心理障碍就是当务之急，具体建议以下几步：

Ψ **接纳患心理障碍的事实**。前面讲的都是患友造成乱消费、乱投资的原因，就是源于心理障碍，那就合理地接纳它，积极地接受治疗，方式方法跟之前讲的一样，这里就不重复了。涉及这节内容，那就需要积极寻求医生、家人或者朋友的帮助，一起采取各项预防乱消费、乱投资的措施。

Ψ **记录自己的前驱症状**。一般情况下，在刚要发作的一段时间内会感到欢快或者急躁，出现飘逸的思维，感到精力充沛或者工作效率高，这个时候就需要注意哦，意识到自己可能会发生乱消费、乱投资等行为。因此，用记录的方式观察"心境""活动和精力水平""思维、知觉""睡眠时间""冲动行为""发生事件"等内容，便于自己及时调整，采取应对举措。

Ψ **寻求别人一起管理钱财**。当一有躁狂症状迹象出现，你就可以采取积极的措施，比如让家人管好你的卡，切断网上交易和股票行为，避免观看刷钱视频，离开自己最爱去的商店等。换句话说，就是减少接触那些你要实施的"报复性"计划，时间久了你就会感谢所做的上述努力。

Ψ 保持健康的生活方式。 制定日常生活计划，如健康规律的饮食、按时充足的睡眠和定期的锻炼；兴趣爱好和社交活动。找一件自己喜欢并能坚持的事情做，比如健身、跑步、创作等，通过转移注意力的方式，让自己专注当下的活动，从而改善自己的状态。

〖心灵鸡汤〗他知道，人一旦真正地面对挑战，恐惧就消失了。令人恐惧的，恰恰是一切的未知。——圣埃克苏佩里

（二十三）缺的不是钱，而是用心的陪伴

案例： 阿锋，35岁，和妻子结婚四年。恋爱时，妻子觉得他很浪漫、爽气，对自己和家人都很好，比如经常请自己的亲戚吃饭、游玩，当时妻子非常感动和开心，虽觉得不用这么客气，但都拦不住他。

婚后，妻子发现阿锋喜欢及时行乐，经常乱花钱，完全是一个不折不扣的购物狂。他购买的东西，从衣服到鞋子，从书籍到运动器材等，把家里的房间都塞满了，很多快递送过来至今都没打开过，有的直接送给了别人。

当阿锋决定买的时候，他就要求非买不可，而且不顾一切地买，在信用卡被透支的情况下，他仍不收敛自己的消费行为。妻子发现后想阻止他，他就胡乱发脾气、破口大骂，甚至打人，最后还是拗不过他，买了东西回家。

这种疯狂消费的行为，引起了妻子极度的担心和愤怒，但又无法阻止他。妻子感觉这日子没法过下去了，她想过离婚，但心又太软，每次生气后被阿锋哄两下就原谅了。

Everything will be fine ■
躁狂抑郁何时休

妻子后来也知道阿峰得了躁郁症，于是积极地陪伴他接受治疗，但怎么陪伴他解决乱消费、乱投资行为呢？她却又感到一筹莫展。

在前面章节，对躁狂时患友的乱消费、乱投资现象进行了分析和追问，给患友本人提供了建议参考，那么至于陪伴他（她）的家属怎么面对、怎么应对？这个也是一个非常关键的问题。建议采取以下几步：

Ψ **客观理解患友的行为**。前文提过躁郁症患友出现乱消费、乱投资，是源于心理障碍，患友想尝试用这种方式来舒缓压力，这是一种病态。作为家人，要充分理解这个现象，接纳患病的一个事实，切不可抱有"恨铁不成钢"的情绪，甚至对其加以指责、抱怨。这一点非常重要，很多家属往往会站在道德的制高点，对患友恶语相向、横加批判，更是会加剧他的情绪波动。最合理的方式，就是与医生、患友一起寻找各种预防措施逐步解决患友的症状，这个也是帮助患友治愈的重要环节。

Ψ **时刻关注患友的行为**。躁狂发作往往会导致患友"飘逸思维"，会使他（她）们高估自己获得成功的能力（如赚一大笔），并低估自己行为的风险（如负债）。轻躁状初期就有反应，只是非常轻微，很多人觉察不到，甚至以为他（她）客气、爽气。体现在表象上，他（她）们会在一段时间内感到欢快或者急躁，感到精力无限或者工作效率高，这个时候家属就需要关注他（她）们的言行举止，适时采取应对措施解决。

Ψ **积极帮助患友控制钱财**。作为家属，你可能无法预防

Everything will be fine
躁狂抑郁何时休

患友"飘逸思维"的发生，但是当它一露面时，你可以采取措施帮助患友一起解决，尽量让其减少接触"乱消费、乱投资"的各种渠道。在患友躁狂发作时，你劝他（她）们管好卡、少玩刷钱的游戏等，他（她）们可能会反感，这时可尽量采用延迟满足的方式，以消磨其躁狂症状的发作。

比较实用的一种策略是，当他（她）们处于健康状态时，与其和风细雨地交流沟通，引导他（她）们在短期内避免持有一大笔钱，或者对其投资行为提供决策参考，这样的话或许能够避免其重大的财务失败。

〖心灵鸡汤〗衡量一个人成功的标准，不是看这个人站在顶峰的时候，而是看这个人从顶峰跌落低谷之后的反弹力。——巴顿

（二十四）负债累累，陷入躁郁崩溃边缘

案例：阿杰，33岁，经营着一家传媒公司，近年来由于受经济大环境影响，企业面临的压力越来越大，不少业务都进行了压缩，利润也逐年下降。直至去年年底，因债务问题，阿杰被压得喘不过气，这更加重了他的躁郁症。

阿杰现在的银行贷款将近300万，各个网贷加起来50余万，私人欠款60余万，其他家里帮忙周转的也有50余万。现在天天面临催收的电话轰炸，有些还打到了家里，阿杰本来想着瞒着家里人，结果连老家的人也都知道了。由于家境普通，兄弟姐妹条件都一般，想靠家里支援的可能性几乎为零。特别是面对家里年迈的老人，作为儿子的阿杰，更是感到自责、懊悔和无助。

为了渡过难关，阿杰千方百计到处周转资金，想缓解下企业和个人的压力，不至于走到起诉那一步，因为担心一旦被列为失信被执行人，那以后企业运营更会雪上加霜。阿杰只是想有人扶他一下，可是又感觉没人帮得了他了。

Everything will be fine
躁狂抑郁何时休

同时，阿杰还要面对躁郁症的挑战，那不受控制的情绪让他更加难受，经常随时都想哭，每隔几天就有想要轻生的念头，每当鼓起勇气给自己希望，又被一些莫名其妙的情绪给打败。

任何国家、任何时期，负债的人都存在，特别是经济形势不好的时候，负债的人自然更加多。凡是找准原因，才能对症下药、解决问题。康复以来，我对自己负债的缘由有非常清醒的认识，这对自己如何走出负债的困苦、围城是有非常大的帮助的。

解决第一个问题：摸清事实、了解成因。

Ψ从小对钱财没有管理意识。也许很多人从小会想着如何赚钱，对钱算得也比较精，家长也会教育怎样收益，但我自小就没有这方面意识，家庭对这方面教育也较为缺失，从而导致自己对金钱的管理能力非常薄弱。在之前30多年时间里，基本就是有钱就花掉，没有对未来生活的一种统筹计划。

Ψ为人比较"好客"。从小到大，我对师长、朋友、同学，都较为尊敬、热情，人缘较好，朋友较多，平时请客吃饭都比较大气，表面上看热情好客、乐于助人，更多可能是源于面子、源于轻躁。

Ψ躁郁发作导致大脑失控。当时因为经常熬夜加班，时间久了疏于情绪管理，直接导致躁郁发作。躁郁的轻躁状非常鲜明的一个特点是乱花钱、乱消费、乱投资，这在之前的篇幅里也有叙述，国内外大量书籍和专家对躁郁症的研究，对此都有不同程度的介绍。而我们国人之前对此没过多关注，虽然现在越来越多的人知道了，但是也不清楚为什么会乱消费、乱投资。当然也并不是所有的躁郁症患友会乱消费、乱投资，那么我刚好是有，当时经常加班熬夜、大脑失控，这是自己负债的一个重要原因。

解决第二个问题，正确认识负债的大小和压力。

作为一个农村长大的孩子，靠自己摸爬滚打，走好人生路需要非常小心，一不小心可能就会摔跟头。当时，我负债的金额还是比较大的，通过卖房、家人筹借等方式偿还了不少，目前剩下了200万左右。之前总的量具体有多少，实际上是很难算的，为什么很难算？因为这个负债的过程是花了很长时间，进进出出难以算清。

很多外围的人就觉得，我花这个钱肯定是做了一些不应该做的事情。而事实上在整个债务中，套路贷是进去很多钱的，还有一些利息比较高的贷款，等于说这块钱自己是白白地支出。光吃利息估摸着就有200万–300万，这块钱我是没理说，别人一般还是认为我是去做了不合法的事情，实际上不是的。相信很多经历过负债的人，会知道这里面的事情，至于很多人不知道，那随别人猜测去吧。

解决第三个问题，冷眼看待负债之后的心路历程。

Ψ开始心态完全崩掉。这是再正常不过的事，95%以上的人面对这种情况都这样。毫无疑问，负债之后副作用明显，严重影响了工作，影响了生活，影响了家庭，影响了别人对自己的看法。负金钱债的同时丢失的是什么？形象债。综合作用下，两者合力影响了我的工作和生活，这对自己来说是双重打击，形象债甚至比金钱债还严重。事实上，原来工作和事业的发展走向，不是说几百万就能买得来，从这个角度看我的"综合债务"可能还更多。虽然真正的金额没那么大，但是这个影响确实是深远的。

Ψ 负债并不代表道德品质差。在负债的过程当中，别人对我无端的误解和评价非常多，往往可能被一些人扩大化，也就是将自己的形象债扩大化，实际上并没有那么严重，但有些人就觉得自己背负了很多的债务，然后认为自己做了不应该做的事情，等等，并且在以后的工作或者生活当中，无端地给自己打上标签。嘴长在别人那里，我们没有办法阻止，有些东西也确实解释不清楚，与其越解释越迷糊，那还不如冷眼相待。但我想说的是，负债并不代表道德品质差，并不代表自己是一个坏人。做生意成功或者失败都很正常，很多人做生意都负债，10个人里面有2-3个人成功已经很了不起了，大部分人都是为了盘活资金链在发愁。

Ψ 努力寻求心态平衡、积极还债。当前经济不景气的情况下，负债是大概率事件。在这个过程当中，很多人会得抑郁、焦虑、躁郁症等，这个都属于正常的心理反应，确实是需要一段时间去消耗；精神内耗过了之后，人会更加通透。而在通透的过程当中，要找准还钱的路子，其实就是要稳住底牌，及时去止损，不能让这种损耗无限地扩大化。有多少资产要理清，该走司法途径的走司法途径，让大家也知道自己会还

Everything will be fine
躁狂抑郁何时休

债的。如果资产也没有了,那也让债权人知道实际情况,起码让他知道自己已经尽力在想办法弥补了。

Ψ 认真过好未来的人生。磨难过后,终究还是要想办法以后怎么去还钱,虽然这个过程很漫长,但是我们一定要有这样一个信心。有些人一下子能还掉,有些人还得很慢,还得很慢是大概率事件。如果底子实在比较弱,那就准备好慢慢去还,毕竟人生路还有很长。走到自己的人生归宿,每个人可能会回想起来,这段经历对自己有非常大的收获。像我现在已经在谋划自己60岁或者退休前后的事情了,那之前我可能不会做的事情,自己现在在做了,为以后退休做好准备,这个就是进步、收获。我要告诉大家的是,现在负债不代表你以后永远负债,现在是上亿资产或者几千万资产人、不代表他以后一直有钱,有可能一下子就没了。负债这是相对的一个概念,不是任何人一直都会是负债的,也不是任何人是一直有钱的,大家要有信心走出这段困境。

〖心灵鸡汤〗只要生命的火焰一天不熄灭,一个人在很久以前感受到的瞬息之间的快乐,就能击溃笼罩着其生涯的黑暗,宛如篝火在夜晚的旷野中发出的一线光明,能够击碎万斛黑暗似的。——三岛由纪夫

（二十五）亲人的冷眼，别人的疏远

案例：阿冰，37岁，草根出身、积极向上、投身商海，30岁出头时创业成功、身价千万，当时赢得了亲朋好友的好评，大家纷纷为他的为人、事业点赞。

天有不测风云，生意场上出了问题，阿冰陷入了抑郁的泥潭里，久久不能爬出来。受过他恩惠的父母、兄弟姐妹，包括曾经的好友、伙伴，都想尽一切办法为其分忧，只是受限于自身条件，到最后也确实感到力不从心。

家家都有本"难念的经"，考虑到自己的生活，他们也观望着阿冰到底能不能站起来，能不能做回以前的自己？帮一个没有希望的人，纯粹让他把钱打水漂，那大家自然会心存疑虑。

受困于生意危机，又遭受抑郁情绪侵袭，阿杰经常白天忙于公司业务，晚上又偷偷掉眼泪，压力大的时候经常会对妻子、家人咆哮，发火，宣泄内心的苦闷，搞得整个家庭都笼罩在压抑的情绪中。

Everything will be fine ■
躁狂抑郁何时休

慢慢地，父母、兄弟姐妹的耐心逐渐被磨完，早已不再像最初那样体贴、关照他，有些甚至对他完全放弃了支持。好友、伙伴们，看到阿杰的状态越发糟糕，除了惋惜也不再有更多的问候，毕竟每个人的生活终究都要向前行走。

当一个人患有抑郁、躁郁等心理障碍，特别是伴有负债、遭受磨难、生活困苦等情况时，那很多人会离自己而去。真正知晓你境况的人，一般会对你保持同情，可能会在短期内关心你、照顾你，但时间久了见你没有反弹迹象，也会慢慢疏远你；不知道你境况的人，一般会"见风使舵"，了解你的"悲惨"程度后，可能会马上敬而远之甚至看不起你。

趋利避害，这是人的本性，大部分人都这样，无论是亲人，还是旁人、外人。随着你情况的恶化，他们往往会说风凉话，或者看不起你……

而这个过程中，关爱最大，伤害也最大。最开始关心你的人一般是你的"亲人"，最先离你而去的往往也是你的"亲人"。随着你的反复"做作"，最早对你患病不理解的往往是自己的"亲人"，面对你的抑郁、躁狂、负债等，他们的各种埋怨、嫌弃都会随之而来。

面对遭受的各种磨难，该怎么去对待？在这里，跟大家分享罗翔的一句话，"珍惜你的低谷，你会看到很多真相。时间能渡的都是愿意自渡的人，没有谁的人生一帆风顺，低谷期的苦难，就是为了积蓄力量，哪怕是裂缝里透出的光，也要牢牢抓住，然后生出向死而生的勇气。"对于朋友们而言，心灵鸡汤可能作用不大，但愈合伤口前，解剖下伤口何尝不是一种自救呢？

Everything will be fine ■
躁狂抑郁何时休

Ψ **往往在磨难过程中，才能看到真实的人生**。杨绛说，"唯有身处卑微，才能看到世态人情的真相。"要记住之前的体面风光、别人的阿谀奉承，无论是家人的、还是旁人的，都可能是假象。当你处于优势时候，往往会让你感觉到别人对你是真诚的，对你的好、对你的仰慕、对你的认可，是真的。殊不知，他们看上的只是你"成功"的价值，而不是你的努力和人品，是你成功的光环吸引了他们，你的成功对他们来说是有用的。他们想借用你的关怀，依托你的成功，来成全、成就他们自己。当你陷入低谷的时候，你的价值已经贬值了、式微了，对别人来说没用了，你的呼唤、求援变成了负担，这时哪怕再亲近的人都会离你而去。虽然最初的时段还是会有人关心你，但是时间久了，他们更多的人只会悄悄离开你。——这个就是真相。对你整个人生来说，这段体验何尝不是一个教训或者一种领悟呢？因为只有这个经历，你才能真正看到真实的自己和真实的情况。

Ψ **真正活出自我，让"他我"见鬼去吧**。毛姆说，"当你落魄时，总有一群人来关心你，然后心满意足地离开！"既然低谷暂时无法扭转，那就享受它带来的滋味，这不是躺平，这是反弹的前奏。如何走出这段低谷期呢？当然需要尊重自我，让自己有个舒适感，少受"他我"的影响。要尊重自己的人格和身心，不要因为旁人的评价，刻意让自己进入"他我"状态，而迎合别人的口味或者意见；也不要因为道德上的某些言论约束，就强迫自己成为"自我"，让自己沉浸在"好人堆"里不可自拔。是时候独立了解内心的想法了，尽量展现自己的个性，尽快纠正之前认知的偏差，找到各种方式让自己舒适，让自己有好的发展路径，让自己有奔头。同时，要学会享受孤独，只有在孤独当中，才可以沉浸下来做自己需要做的事情，才可以把自己从低谷中拉上来。

Ψ 慢慢积蓄力量，让自己更加强大。 就像罗翔所说的，低谷期的苦难，就是为了积蓄力量。低谷期的人，向上而生的欲望会非常强大，往往会有一种自我纠错的意识和本能，时刻警醒和督促自己向上爬。实际生活中，很多人都是在低谷期修炼一身本领、成就一番事业，比如有人通过摆地摊翻身，有些人通过蛋炒饭逆袭，有些人通过自媒体醒悟，等等。虽然这个过程非常艰难，人又遭受到他人的压力、嘲讽，还有自我的反省、懊悔和自责等，但我们要在他我、自我的矛盾中找到平衡，解决认知上的偏差，清醒地作出选择。只有努力在自己认为对的道路上，你才可以奋斗得自如、幸福。认知调整后的你，不会随波逐流，待人看事会有不一样的角度。在以后的沿途中会看到各种风景，无论是看到别人可能陆续倒下去，还是看到别人继续风光无限，而你却依然能镇定自若，这样的你才是真正的你，任何人或事都无法将你击垮。

〖心灵鸡汤〗有时想想，独居斗室和天涯浪迹好像是一件事情，身处寂寞和身处喧嚣其实也没什么两样，身外的整个世界都是镜子，我们必须自己认得自己。——马良

Everything will be fine
躁狂抑郁何时休

（二十六）抑郁、躁狂后的长相气质

案例：阿欢，19岁，大学二年级，得抑郁症的时候是从她大一下学期开始的。曾经的阿欢几乎是人见人爱，因为长着一张讨人喜欢的脸，深受老师和同学的喜欢。

直到进入大一，情况逐渐发生了变化，由于阿欢长得漂亮，比其他女生好看些，就成了别人议论的对象。班里有几个好事的女生，出于嫉妒开始对她进行嘲讽，说她"除了有点姿色，没一样好的""太会装了，你又不是最好看的"……甚至对她进行了孤立。

阿欢本来是不在乎这些的，可是她们越说越过分，除了在女生寝室说，还在课堂上议论，后来搞得老师和同学们都知道了。持续发酵后，这件事已成为学校里的一大新闻，阿欢总觉得被人盯着，感到非常不舒服。

就这样过去了一个学期，阿欢渐渐变得焦虑、压抑，没有了以前的笑容。好友劝她说，你没必要在意别人的看法，过好自己就行了。阿欢内心也知道，自己也会不去理她们，但就是变得越来越没自信，体重也上升了。

在放假回家的时候，阿欢最终还是被查出了抑郁症，当时的她觉得天都要塌了，为什么会发生在自己身上呢？阿欢变得更加不爱说话、不敢面对人，睡眠也出现了障碍，身体免疫力逐渐下降，有段时间总是生病，身材再次发福了，她开始觉得活着没有意义，整个人的长相气质都发生了变化。

Everything will be fine ■
躁狂抑郁何时休

回到单位上班后，曾经患过抑郁症的领导跟我交流时说，"你现在精神状态好多了，当时看你的眼神就觉得你抑郁了。"事实上，患过心理疾病的过来人，往往看心病都会有先入为主的意识，但有时候确实会非常准。

众所周知，人的相貌往往和一个人的心理息息相关。所谓"相"由心生，一般指的是不同情绪在我们脸部产生的反应。抑郁、躁狂后，真的会对一个人的长相气质产生变化吗？我的理解和感悟是：肯定会！经历后抑郁、躁郁折腾，我的气质就发生过明显的变化。我也观察过很多患友的相貌，确实与情绪稳定时的样子不同。

Ψ **抑郁、躁狂会带给一个人哪些长相气质的变化呢？** 当抑郁来临是，我们总是会目光呆滞、唉声叹气、眉头紧锁、做苦瓜脸；当躁狂到来时，我们总是会炯炯有神、神采奕奕、眉飞色舞；当焦虑发生时，我们总是会眼神迷离、心急如焚、坐立不安。有关专家指出，长期的抑郁、急躁、焦虑等情绪会导致容貌的额部、眼角等部位的皮肤皱纹增加，也可使面部产生色素沉着，甚至可导致人的生理功能紊乱，进而产生其他疾病，并可促发荨麻疹、湿疹、牛皮癣和过敏性皮炎等皮肤病。

Ψ **长相气质变化的原因是什么呢？** 当患友陷入抑郁时，反刍思维和精神内耗加剧，自我向内斗争严重，会让大脑用力过度，导致情绪波动明显，并有可能长期失眠或者生物钟紊乱，整个人精力都透支了，而人累了自然会显得憔悴，进而出现面部表情的变化。躁狂时，往往跟抑郁时的情况相反，但同样存在大脑用力过度问题，兴奋、过激、高涨、暴怒，表面上跟正常状态上无异，但太用力了显然是很难持续的，往往过度后会导向另一个状态。

Ψ **情绪和长相气质会相互影响吗？** 根据认知心理学来分析，抑郁、躁郁、焦虑等患友对于负面感受更加敏感，更容易对糟糕事情有过激反应。有关心理学家研究表明：负面的面部展现，比负面情绪本身更容易让对方产生不适，也更容易使本人被拒绝。一个人如果整天愁眉苦脸的并让对方产生糟糕的感受，对你敬而远之，那么你会为此产生更严重的负面情绪。因此，情绪和长相气质之间存在相互影响的关系。

Ψ **怎样才能让长相气质不发生变化呢？** 从根源上来说，就是要平衡抑郁、躁狂、焦虑等情绪波动，如果情绪稳住了，那长相气质就会得到明显改善。关于如何平衡情绪波动的问题，在很多章节都反复强调了。患友们一方面要及时接纳情绪波动的事实，积极接受科学治疗，包括药物介入、家庭治疗、心理排解、认知调整等，努力让自己在"病态"当中走出来。另一方面，要学会调节情绪的技巧，包括转移注意力、运动、学习、养成健康的生活习惯、做有意义的事情等，一步一步摆脱波动的情绪困扰。

Everything will be fine ■
躁狂抑郁何时休

〖心灵鸡汤〗命运对勇士低语：你无法抵御风暴。勇士低声回应：我就是风暴。——杰克·雷明顿

（二十七）与工伤的距离有多远？

案例：小蒋原系某科技文化公司的网络工程师，2018年6月与公司签订了为期三年的劳动合同。2019年6月该公司向小蒋出具了解除、终止劳动关系证明。同时，某地精神病医院出具诊断证明认为，小蒋患有重度抑郁症。

2020年6月2日，小蒋向某地人保局申请，称自己因在公司长期连续工作导致压力大、失眠，最终导致上述疾病。同月14日，某地人保局作出告知书，认定小蒋提交的工伤认定申请不符合工伤的认定情形。

小蒋不服，提起行政诉讼。小蒋诉称：公司未与自己协商，擅自将自己调往异地从事网络工作，限制自己身体情况和休息的权利，强迫其加班和连续工作。

因此，小蒋认为，其是在工作时间、工作区域、因工作原因而致病，符合《工伤保险条例》的相关规定，应当认定为工伤。请求法院依法撤销某地人保局于6月14日作出的告知书。

Everything will be fine ■
躁狂抑郁何时休

最后，法院均认为：本案中相关医学证明书载明原告患有重度抑郁症，但并未有证据表明原告上述病症系因工作遭受事故伤害而导致，亦未有证据证明其病症属职业病。因此，不构成工伤。

平时粗线条的妻子，有一天突然跟我说起，"你的情况感觉上是可以算工伤"。虽然我知道工伤诉求目前来说不现实，但心理确实感受到一阵温暖，因为抑郁、躁郁症等心理疾病被讨论是否可算工伤，这在之前家人或者朋友谁都不曾提起过。现在起码有人提起了，这个何尝不是一种进步呢？只是我也清楚地知道，至少目前在国内这个讨论还只是小范围。

当然，抑郁、躁郁症等心理疾病是否可算工伤，这个话题我觉得有必要提起。在未来的时间理，我们也可以呼吁有关方面、整个社会重视抑郁、躁郁症等心理疾病，在时机成熟的时候，尽快将重度抑郁症、相对严重的躁郁症等纳入职业病的范畴。

为什么呢？当前社会上很多企业员工因为抑郁、躁郁症等心理疾病或被辞退、或自己辞职，各方面引起的这种官司非常多，但是大部分的官司，作为患友的员工往往败诉居多，几乎没有胜诉的，最多得到一点人道主义的赔偿。这既说明国内对心理疾病的重视度还不够，也说明有关部门可能也在积极研究、探索中，但总体来说进度应该是比较慢。至少目前来说没有任何风声、任何的新闻报道讨论这个事情，也没有什么征求意见。

相比在国外，现在很多国家把重度抑郁症纳入了职业病，也意味着在一定程度上可以申请工伤，但是我们国内目前还没有。举个自己的例子,当时我的加班熬夜,单位是有责任和原因,整个科室就我一个人,持续了很长一段时间,经常熬夜到凌晨3-5点,夏天天气很热,洗个澡5点钟躺下,7点多起床,有时候一周连续五天是这样的状态。由于接受过部队的教育,一直警醒自己工作要做好,抱着这样的一个心态去做工作,不能说拼了命,也确实是劳其筋骨,把颈椎也伤掉了,最终导致了躁郁的发作。躁郁既可带给你精力无穷、思维飘逸、才思敏捷的状态,也能让你大脑失控,甚至劳财害命,它可以让人乱消费、无节制地消费,最后导致更加严重的事情发生。

事实就是这么个事实,确确实实是因为工作导致躁郁发作,但是我很少跟旁边的朋友去讲,相信时间可以证明一切。当国家有关部门把重型抑郁症或者躁郁症纳入职业病的时候,那很多人就会走法律途径,向单位、组织打官司,这是毫无疑问的。

结合我个人的例子,跟大家谈一谈自己对这个问题的看法和建议。

Ψ 将抑郁症、躁郁症等心理疾病纳入职业病的时机还未成熟,我们需要积蓄力量。由于工作原因导致躁郁症发作,给我的生活和工作带来非常大的伤害,甚至是灾难性的。虽心有怨恨,但现在我不会去申请什么工伤,不会跟单位组织谈工伤。因为他们不会认为这个病是职业病,不认为心理疾病可以纳入工伤，相关部门也没有出过这样的文件，那我去争取有何意义？更何况涉及举证等因素，没有我们想象当中那么简单。客观事实证明，现在还不到时候，大部分单位接受不了，社会大众也没有做好这个准备。当前环境下，只有尽快让自己调整过来，不断地壮大自己，让自己发展得更加好，这才是对自己最大的负责。等10年、20年以后，当有一天看到，很多患友胜诉的时候，我们也会为他们感到欣慰的，相信在10年、20年甚至30年之后，肯定会得到见证。

Ψ 目前抑郁症、躁郁症等心理疾病不能纳入工伤，法院肯定是有迹可循的。 就现行法律来说，由于工作原因或者是在工作过程当中产生的抑郁、躁郁症，法院一般是不会判定你为工伤的。因为判定工伤有这么两点很关键：

①病症是否因工作遭受事故伤害而导致；

②病症是否纳入患职业病。

只有符合以上两种情况，才有可能被认定为工伤。在抑郁、躁郁症等尚未纳入职业病的大前提下，有证据证明因工作原因和受到事故伤害引发的这个病才可能认定为工伤。只有你因为事故障碍发生，比如说在工作当中一不小心有一个榔头撞到了你的大脑，大脑受到影响引发一些精神疾病，只有这样的证据证明，你才可以被认定为工伤。那一般的抑郁、躁郁症是很难申请工伤认定的，即便认定为工伤，得到的也只是经济补偿，对心理造成的伤害是难以愈合的。心理疾病可能导致的自残、轻生等行为，更是家属所难以承受的伤痛。

因此我在这里建议大家：

Ψ **尊重自己的感受**。没有谁比你更懂得自己的感受，如果一份工作带给你的是压力、焦虑，越来越多的负面情绪，那么何必把自己困在这样的一个岗位里，自己的身心健康还是要由自己来维护。平时我们要懂得心理方面的一些知识，懂得掌握情绪的平衡，这个也是我们之前在教育过程当中所欠下的账，我们要补回来。

Ψ **调整自己的认知**。调整自己的工作状态，不能让自己太委屈。要养成健康的、合理的生活方式，有些委屈不能受，该顶的就顶回去，也不能让自己太压抑，否则的话会导致心理障碍的发生。

最后，呼吁广大的法律工作者、社会学家、心理学家，能积极推动国家有关部门加强对心理疾病的重视，加强对心理疾病患友的权利保护，呼吁推动相关部门将重性抑郁症、躁郁症等精神疾病纳入职业病的范畴，让更多的心理障碍患友得到公平的对待。只有这样，人民美好生活的愿望才能得到全面实现，这理应是中国法律界人士以及心理学界人士的使命和任务，相信这一天是会到来的。

〖心灵鸡汤〗这世间最傻的行为,就是着急要结果,得不到便又急又闹。殊不知,老天安排的比你自己选的更好、更周到。——稻盛和夫

（二十八）抑郁了，轻生念头不断

案例：小雏，15岁，初三，从小到大跟着奶奶生活在一起，奶奶的性情急躁，在家中比较强势。在小雏还小的时候，由于家庭琐事，妈妈和奶奶关系并不好，经常闹矛盾、吵架，而爸爸始终偏向奶奶，有时还打骂妈妈，于是她便会帮着妈妈。

奶奶对孩子的教育比较严厉，要求成绩一定要好，还经常拿小雏和堂兄妹比较。小学一到四年级期间，奶奶对她管得特别严，每天都会骂她，让她心里很难受，认为自己又没有做错什么。同时，小雏一直认为妈妈在家里被欺负，吵架处于下风，所以从小她就想要保护妈妈，这让她的性格比一般女孩更强势。

由于这样的性格，进入初中后，班级里有些同学很讨厌她，也经常针对、攻击她。有一次她与同学打了起来，被别的同学告到校领导那里，拿了个处分，并让她换一所学校。事后，虽然在亲戚的帮助下最终没转学，但也给小雏的心理造成了一定的影响。

到了初三，可能随着学习压力的增大，再加上之前的压抑，小雏经常会不由自主地哭泣，还有轻生念头。突然有一天，她在家里用小刀自残，在手臂上划了几条血印，被家人发现并制止。

Everything will be fine ■
躁狂抑郁何时休

近年来，抑郁、躁郁症在社交媒体中频频出现，公众人物患抑郁、躁郁症甚至自杀的新闻也不鲜见。张国荣、李玟、乔任梁、马薇薇等，这些明星都与抑郁、躁郁症有关。除了大众对明星的天然关注度，大众对于身边的抑郁、躁郁症患友还有不少"想多了""抗压能力差""玻璃心"等偏见和认知误解，加上就医的病耻感，让不少抑郁、躁郁症患友成为"沉默的大多数"。

根据相关资料显示，抑郁、躁郁症患友想过自杀的比例非常高。在抑郁、躁郁症中，患友曾经尝试自杀的比例为：

①抑郁症 12%；

② I 型躁郁症 17%；

③ II 型躁郁症 24%。

这些数据说明，抑郁、躁郁症患友是自杀的高危群体。

Ψ 什么情况下才会发生自杀念头或行为？ 众所周知，并不是所有抑郁、躁郁症患友都会想自杀或者企图自杀。患友中，符合有些特性或其他因素掺杂，才有可能出现自杀的行为：

①出现重度抑郁症状：一般情况下，相比躁狂、轻躁、焦虑等情绪，出现重度抑郁的时候，自杀的倾向会更明显。许多真实案例都说明，当陷入重度抑郁时，选择自杀的概率会增大。

②出现妄想、幻听等精神病性症状：妄想、幻听等症状发作时，患友有时控制不住自己，言行往往是不由自主的，这种情况下自杀的冲动可能就会增加。

③出现酗酒、吸毒等状况：患友本来就情绪不稳，在酒精、毒品等作用下，情绪可能会更加失控，导致自杀的风险就增大。

④家属特别是最亲近人的言语刺激：当抑郁、躁郁发作时，患友最不能接受的是父母和其他家人的刺耳言语，为了对抗这种言语攻击，他（她）可能会采取过激行为。

⑤出现对疾病本身的恐慌现象：有些患友当自己被确诊为抑郁、躁郁症状后，第一时间接受不了，感到羞耻或者压力，未知感和恐慌感加剧，可能会做出自我伤害的举动。

Ψ **患友自身该做哪些努力？** 当情绪严重波动产生自杀意念或者企图，那患友自己能做的努力往往是有限的。一般情况下，当患友情绪稳定时，加强自我管理训练，提早知晓或掌握一些方法或措施，这个可能更加有实效。

①提前消除伤害自己的风险隐患。趁着大脑清醒时，把可能会用于自杀的物品先让家人藏起来，比如各种尖刀、绳子、毒药等，一切可能会给自己造成伤害的东西，都可以暂时消失在眼前。虽然这种做法不能从根本上解决问题，但关键时刻可能会救患友一命。

②提前找心理医生介入或者立即尝试药物。有自杀念头或者企图,根源上还是因为情绪失控,第一时间找医生帮忙,应该是个不错的选择,医生相对来说有处置经验,他(她)们一般会采取合理的方式尝试与你沟通直至把患友从困境中尽快拉上来。如果没有或找不到心理医生,那请备好药物,情绪波动太大时,大脑往往会乱成糨糊,而药物可能会让患友在短时间内安定、睡眠,直至平复情绪,一定程度上会遏制自杀的行为。

③寻找朋友圈的帮助。在我患病的过程中,曾出现过 N 次的自杀念头,边企图边打电话给家人,但事实上收效甚微,因为他(她)们往往不会理解,觉得我又在演"狼来了"的故事,反而会更加刺激到自己。现在觉得最有效的做法,应该是寻找最信任或者愿意听你唠叨的人做心理排解,把心里的想法或者苦闷讲给他(她)听,对方最好能当个"垃圾桶",所有的负面情绪能一律接收。经过几个小时甚至半天的排解,患友的情绪可能会逐渐平稳。

Ψ 家属该做哪些干预? 患友一旦有自杀企图,那往往情绪可能失控,靠自己有时不一定能控制,那么家属的关注和干预就显得至关重要。

①不要放过任何与自杀有关的信息。比如向身边的人交代后事,对亲人说"你以后要保重",嘱咐家人帮忙照顾谁谁谁,把自己未尽的事情交代几遍,等等;有计划地做好自

杀准备，上网查询有关自杀的方法，买了一些刀、绳等工具；瞬间一反常态，病情突然好起来，一下子从低落消沉变得泰然自若；突然写起了遗书，等等。

②不要简单地认为患友是在卖同情、求支援。当患友有自杀念头的时候，确实存在一部分患友在释放求救的信号，陷入"想死又不敢死"的状态，经常会出现"光说不做"的现象。但不管怎么样，作为家人切不可置之不理、漠然视之甚至恶语相向，不能放过任何一次"可能"，特别是"恶语相向"往往会直接加剧患友自杀的风险。在危急关头，学会真诚聆听、无原则忍让，一般是比较合理的做法，这样起码可以为生机带来希望、为未来治疗带来希望。

③不要给患友任何自杀的时机。当家属知晓患友存在自杀的可能，就要想尽一切办法采取措施消除隐患。如果病情严重的话，那务必及时送患友去医院，哪怕是采取适当的强制措施，也要让患友尽快得到有效治疗；如果风险相对可控，那家属务必做好一些防护措施，比如把家里涉及危险的物件、药品等妥善保管，不要让患友单独外出，最好做到 24 小时陪护。

〖心灵鸡汤〗生命是一团欲望，欲望不能满足便痛苦，满足便无聊，人生就在痛苦和无聊之间摇摆。——叔本华

Everything will be fine
躁狂抑郁何时休

（二十九）它们也会传染吗？

案例：小艺，21岁，大三，在她大二的时候，交了一个朋友小飞。小飞非常消极，时常抱怨，时常叹息，她说曾患过抑郁症、但现在好了，只是还每天躺在床上，除了一日三餐，其余时间都在唉声叹气，自顾自地玩手机，什么都不干。

小艺和小飞就读同一所大学不同的系，小飞经常说她的老师、同学、朋友甚至家人等这不好那不好，于是常到小艺的宿舍里找她，有时在宿舍里一待就是两天，吃饱玩、玩饱睡、睡饱吃。

在相处的时候，如果小艺有一丁点小事不顺她的意，那小飞就会一直责怪，时不时地发脾气，或者没有缘由地甩脸色。很多时候与她交流，她也不能理解，反倒会因为观点不同又起争执。总之，更多时候，小飞觉得全世界都在跟她作对。

时间久了，小艺感觉自己也被影响到了，她开始变得悲观、焦虑，经常失眠，对任何事情都提不起兴趣。每天都觉得很累、提不起劲,经常没什么食欲,记忆力下降,反应也变得迟钝。

进入大三后,小艺逐渐对学习、对生活、对周遭的一切产生怀疑,变得极度不自信,觉得自己什么也干不好,甚至开始怀疑自己存在的意义。她也不知道自己为什么会这样,但她认为自己是被感染和影响到的,很明显地已经有了抑郁的倾向。

Everything will be fine ■
躁狂抑郁何时休

抑郁、躁郁症会传染给别人吗？大家都知道，传染病是由病原性微生物（细菌、螺旋体、立克次体、病毒、寄生性原生动物等）引起的，能在人与人、人与动物或动物与动物之间相互传染的疾病。而抑郁、躁郁症是一种精神障碍性的疾病，从医学角度而言，它显然不是传染病，一般人不会因为周围人得了抑郁、躁郁症，自己就被感染抑郁、躁郁了。但如果长期与抑郁、躁郁患友相处，那是否会潜移默化地受他（她）们影响甚至也患病了呢？

美国心理专家加利·斯梅尔曾做过一个心理测验，他把一个乐观开朗的人和一个整天愁眉苦脸的人放在一起，结果不到半个小时，这个乐观的人也变得郁郁寡欢起来。然后，他又做了一系列的实验，证明只要20分钟，一个人就可以受到他人情绪低落的影响，而这种影响是在不知不觉当中完成的。

当一个家庭或朋友圈中有一个人得了抑郁、躁郁症，除去轻躁时给人愉悦的感受外，大家看到患友的时候，他（她）的表情基本都是消沉、苦闷、憔悴的，一般都会让人感受到压抑。长此以往，相处的气氛肯定很难调和，各种不和谐让谁都高兴不起来。从这个方面来讲，情绪的确是会影响人。更有甚者，由于家中小孩或者长辈患病，在陪伴的过程中发现其病情始终得不到缓解，家人自然会长期接受负面情绪，最后搞得自己心力交瘁，直至积郁成疾。

结合我自己家族病患史和国内外相关研究，个人认为抑郁、躁郁症不是传染病，只是躁狂、抑郁等情绪可以相互影响。为了更好地解决这个问题，下面跟大家交流两个观点。

Ψ 躁狂、抑郁等情绪可以相互影响，要有边界意识。 当抑郁、躁郁症患友陷入情绪低落时，人一般会特别敏感、脆弱、懊悔甚至自责；陷入情绪高涨时，人往往会偏激、兴奋、自信甚至狂躁，两种情绪折射到外围人身上会有不同的感应。特别是相对糟糕的情绪，持续地输送给对方，他（她）们肯定会有厌烦的时候，毕竟谁都不愿意永远当"出气筒"。当我躁郁发作时，特别是抑郁期，状态非常糟糕，闹得要死要活，后来妻子跟我说，再这样下去她都会得抑郁症了，事实上有段时间她的情绪确实非常不稳定。直播交流中好几位患友母亲，都是因为孩子患抑郁、躁郁症，在长期陪伴的过程中，受不了各种无力和压力，导致最后自己也患上了抑郁症、焦虑症。

因此，设立边界就显得非常重要，可以阻断双方的坏情绪传输。作为患友而言，当症状发作时，尽量采取积极的药物介入、心理排解等方式，不让坏情绪输送给家人或者外围人；并同步切断刺激源的骚扰。作为陪伴者而言，应稳定好自己的情绪，及时排解长期接受的负面信息，千万别让患友的情绪影响到自己，否则会让自己和对方更加遭受打击。

Ψ 躁狂、抑郁等情绪不会负负得正，要有修复意识。

Everything will be fine
躁狂抑郁何时休

如果患友陷入重度抑郁后，一般会带有悲观、泄气的情绪，甚至有些会意图自杀，那肯定会让人感到心情不爽。如果重躁狂发作，往往会狂妄自大、急躁打人等，那会让人感到无理取闹。时而抑郁、时而躁狂，天天和这样的患友相处，就算心理素质再强大的人也会崩溃。大部分人是不可能长久陪伴的，坚持到最后的往往是几个人甚至没有人，剩下的人也将陷入负面情绪，整个氛围往往是不可期的。不少例子证明，很多人确实因为家人患有抑郁、躁郁症等，在长期陪伴的过程中自己也生病了，一般伴有家庭、工作等其他压力影响，更多是以躁狂、抑郁、焦虑症状发作为主。

因此，作为患友而言，要通过治疗、学习，慢慢学会情绪的平衡技巧，帮助自己排解不好的情绪；等情绪稳定后再跟家人或外围人沟通，使其有情绪接收的缓冲期，并知晓自己的真正想法和需求。作为陪伴者而言，当患友症状发作时，可做好心理准备，应该以宽容、理解、耐心的态度对待患友，切不可讲道理或者恶语相向，并及时修复和患友的相处关系。

〖心灵鸡汤〗与海为邻，住在无尽蓝的隔壁，却无壁可隔。一无所有，却拥有一切。——林语堂

（三十）令人生厌的复发

案例： 小骆，27 岁，是一名初中英语老师，曾在大学毕业时被诊断为抑郁症，后来随着工作步入正轨，整个人的状态越来越好，结婚生子，一切都恢复到了正常生活。

直到 2023 年新年的时候，小骆开始发现自己又变得不正常了，整天兴致不高，莫名哭泣、心慌心悸、害怕恐惧，有时会半夜惊醒，平时注意力不集中、记忆力下降，她担心抑郁症又回来了。熬到年后她去医院看病，检测结果不出所料，抑郁症这条"黑狗"又找上她了。

这个新年，小骆过得真痛苦，在父母的要求下被迫到处去见亲戚，还要强颜欢笑，但是她就想一个人待着。去医院看过之后，医生给她加大了药量，但是加大药量之后，她发现病情更加严重了，也不知道是不是药物的副作用。

现在每天睡到半夜，小骆还是会醒来，一旦醒来就再也睡不着了，脑子又开始胡思乱想。本来打算过年后她就出去上班的，但因为这个病可能又要耽误了。

Everything will be fine
躁狂抑郁何时休

抑郁、躁郁症等心理疾病经常复发，是一个老生常谈的话题。大部分患友可能都遇到过复发，只是或重或轻的问题。复发总是有原因的，根据每个患友所处的时间、环境不同，呈现出不一样的状态。因此，找准复发原因，从源头上防止复发、解决问题，就显得至关重要。

Ψ 经常复发的原因

①没有及时避免一些刺激源。不少患友在治疗基本康复后，几年后可能因为生活环境的变化，在生活、工作和生活中受到新的刺激因素而再次发作。有个天津的患友说，他躁郁症治愈后好了5年，并停了药物，后因邻居经常深夜唱歌，导致他晚上经常睡不好觉，交涉、吵闹几轮后又无效，最终症状复发。

②没有很好地去改变认知。一些患友通过医院治疗，情绪稳定后就出院，长期依靠药物在维持，没有发生特别大的波动，就自认为基本康复了。有个上海的患友，就属这种情况，8年来一直靠药物压制情绪波动，自己也认为这一生都可以靠药物平稳下去了。后因在单位人际关系始终没有得到改善，升迁提拔又受阻，导致郁郁不得志，最终抑郁症反复发作。

③没有意识到遗传因素的顽固性。有些患友带有先天的遗传，后天又遭受长时间的心理压抑，同时在生活环境中受到创伤，形成了较为严重的心理障碍。如果没有接受系统的

治疗，并掌握一套平衡情绪的技巧，那可能在漫长的人生路上复发的概率会非常大。

④没有注意季节变化影响。受气候、温度等影响，抑郁、躁郁症患友比一般人对于环境季节变化更为敏感。春夏季节万物复苏、绿意盎然，处在这种环境下，人更容易兴奋、活跃，这个时候就容易轻躁或躁狂；秋冬季节万物凋零、景色萧条，人往往会触景伤情，这个时候就可能加重抑郁情绪。

Ψ 循因施策，防止复发

①远离刺激源。当患友病情好转后，应尽量养成健康、规律的生活状态，远离那些给自己带来伤害或冲击的事件，避免与他（她）人发生言行冲突，即使发生了，也要积极沟通化解。在工作、学习和生活上，尽量选择相对宽松的环境，防止过重的压力和心理刺激，努力让自己的情绪不受外部环境的影响。

②学会平衡术。尝试学点心理学，调整下原有的不合理认知，努力平衡情绪波动。比如：对自己不过分苛求，为了避免挫折感，应该把目标控制在力所能及的范围内，尽最大努力就好，心情也就会舒畅起来。不要强加于人，每个人都有他的思想、优点和缺点，何必要求别人迎合自己的要求呢？找人倾诉烦恼，把内心的烦恼告知给亲人朋友，有时心情会舒畅很多。尝试暂时逃避，在受到挫折或感到累时，可以暂

时放下烦恼、工作,去做放松的事,如打球、听音乐或看电视等,待到心情平静时,再重新迎难而上。

③谨遵好医嘱。患友能康复,一般都做到了对症下药,药物应该不会有偏差,但有些会擅自停药、减药,导致症状反复。面对严重的心理疾病,除了远离刺激源、学会平衡术等,遵好医嘱是必不可少的,一定要坚持听医生的话,按时按量服药,这样确实可以帮助自己稳定情绪,减少复发的可能。同时,在季节更替的时候,可采取有关措施、提前预防,增加一些体育活动、刻意安排一些节目来消除复发的因子。

〖心灵鸡汤〗明智的放弃胜过盲目的执着,去吹吹风吧,如果能清醒的话,感冒也没关系。——林语堂

（三十一）站在道德的制高点，不等于真心陪伴

当家人、亲友遭受心理障碍困扰的时候，能为他（她）做什么呢？我觉得你潜意识里肯定是想要帮助他（她），但是至于怎样帮助，你又会觉得心急、迷茫，甚至无从下手。现实生活中，当他（她）抑郁、躁郁等时，到底该怎么做、怎么说，真的很难。根据我的经历体会，能合理做好、说好的，没有几个人；大部分人要不沉默、要不帮倒忙。尤其是如果自己从来没有患过心理疾病，那往往会站在道德的制高点谴责、嘲笑、批评，根本不会设身处地地去面对和处理。

那么，是否有一些方法能促进与患友交流，并为他（她）提供支持帮助呢？下面结合自己的抗争经历感受，特分享五点体会，我想可能会对大家有帮助。

Ψ **站在他（她）的角度进行交流**。他（她）是病人，沉浸在痛苦当中。交流时，如果你表现出自以为是或教导式训话，那对方是不会对你透露心扉的。比如，当他（她）感到抑郁、躁郁时，你却说"这个没那么严重，你想多了""大

家都是这样过来的,你为什么这样""别这样脆弱",等等。对待他(她),你的谈话方式要有别于普通人,你要站在对方的角度多倾听,适时尝试问问他(她)的感觉或者的想法,这样他(她)才愿意和你积极地进行交流。

Ψ 用共情的态度协助他(她)解决。心理疾病有别于躯体疾病,不是说你建议用什么药物,他们就能马上康复。从某种程度上来讲,医生和你有时都提供不了一个正确的解决方案,你们更多时候也理解不了他(她)的感受,除非你们都有与心理疾病作斗争的经历。因此,不要急于告诉对方你会做什么,否则他(她)会感觉不到你的感情,会变得沉默。那应该怎么做?你可以尝试用一种共情的态度,表现出你对他(她)的支持,比如说"只要你一个电话,那我就马上会来""我会在身边永远支持你",等等。事实上,对于心理障碍患友而言,有时候一点点的共情可以起到很大的作用。

Ψ 习惯拿热脸贴他(她)的冷屁股。他(她)往往很善良,沉浸在自己的世界里,经常会自责、苦恼,但对方很少会主动跟你提要求。因此,他(她)一般很少会主动地邀请你出去玩,主动跟你讲想法,这个时候你更应该多创造一些与对方在一起的机会,适时提醒对方"你在挂念他(她),你在爱护他(她)"。比如,创造条件邀请对方一起去公园散步,一起去看看电影,驾车去乡下游玩,都是非常有效的方式。但是你要记住,他(她)有可能不会每次都会答应你,那你就需要有点耐心,一次不行两次、三次,慢慢感化他们。

Ψ **给他（她）足够的空间和时间消化。** 当他（她）好了一段时间后，又可能会转入抑郁、躁郁症状，这时你可能会觉得自己是不是做错了什么。千万要记住，对方不是故意不理你的。当他们症状发作时，会无限地扩大自己的负面情绪，这个时候他（她）需要一些空间独处、需要一些时间消化。所以你不要纠结于"我是不是做错了什么"或者"他们怎么这么难相处"，等等，你最合理、最有效的做法就是顺着、迁就他（她）。而等他（她）情绪平复了，他（她）又前进了一大步。

Ψ **合情合时合理寻求专业帮助。** 一般情况下，心理障碍患友会懒于去就诊。作为家人、亲友，你最好不要强迫他（她）去看医生或心理咨询，这样做只能激化对方的情绪，形成对立的沟通局面，这时一定要合情合理地引导对方去就诊。但是，如果你觉得他（她）的症状越来越严重，比如经常哭泣、激动或易怒，表现得更加孤僻，甚至无法照料自己的日常生活，就应该及时寻求专业人士的帮助。当然，如果他（她）表现出任何关于自杀的迹象，比如谈论想死、在网上查死亡方式、谈论极端的言论，等等，则应尽快寻求专业的紧急医疗救助。

〖心灵鸡汤〗你还太年轻，没有意识到比起受惠者，施惠之人反而会有更强的图报心。——毛姆

Everything will be fine
躁狂抑郁何时休

（三十二）母亲的陪伴之路

经常会收到一些母亲的私信，问到底该怎么帮助抑郁、躁郁症小孩。结合我自己康复经历，跟大家交流一下这个话题，重点讲我的母亲是如何陪伴自己的整个治愈过程。

在与很多家长交流的过程当中，经常会发现不同陪伴方式的母亲，个人总结归纳出三类：

①主导型。陪伴过程中，以母亲为主导，一般情况下母亲可能比较强势，学识比较渊博，在家庭中的话语权比较大。主导型里面也分两种，一种是母亲能融入进去，认真学心理学，掌握解决治疗的路径，心平气和地帮助小孩走出来；另一种母亲也认真学习，努力积极地想帮小孩走出来，但是她的性格又比较急躁，又经常跟小孩吵闹，这样会僵持一段时间。

②相撞型。陪伴过程中，双方相互撞击。小孩已经有抑郁、躁郁情绪了，又影响了母亲；母亲变得焦虑、抑郁，她又反过来影响小孩。双方相爱相杀，继续恶化，这种关系持续扩

大化会导致小孩的病情加重。一般根据焦灼时间长短，影响程度也会相应增减。

③被动型。被动型也可分两种：一种是母亲学识方面一般，或者自己忙于工作，对心理疾病完全不懂，也不认为小孩子有什么大的问题，任由小孩的病情恶化；另一种是母亲也没有多少学识，她也不懂这个病，但是能顺着小孩，体贴地照顾小孩，毫无怨言地帮小孩一起渡过这个难关。

我母亲在自己的整个康复过程当中，应该既有第二种相撞型、又有被动型的特征，主要分四个阶段跟大家交流。

Ψ 完全没有察觉。症状起初，我母亲是完全没有察觉。负债事情发生之后，她经常责怪我；病情发作后，她也意识不到我的心理有了问题，还保持以前的方式跟我交流。特别是等我转郁时，她还用以前的话刺激，那自然更加刺激了我，导致了我的病情加重。双方这样的状态持续了大半年，毫无疑问这大半年走了弯路，这弯路本来可以避免。其间，让我对家庭的救援希望破碎，感觉失去了精神支柱，最终自己经常离家出走，病情越来越严重。

Ψ 情绪起伏较大。随着我的症状持续恶化，母亲陪伴的压力越来越大，情绪也变得极不稳定。特别是我的情绪影响了她，她也变得焦虑、抑郁，彼此相互作用、相互焦灼，持续下去自然越来越僵。有一段时间，有时候我们经常吵闹，母亲也经常哭泣，双方相互恶化，整个家庭氛围陷入糟糕局面,更加重了自己的病情。这种陪伴真的是没有一点作用,希望所有母亲能吸取教训,避免走我们的弯路。

Ψ 相互磨合进步。 经过逐步的调整,通过亲戚的撮合交流,慢慢地母亲和我一起对这个症状有了新认识,逐渐地知道、了解这是一种病,需要治疗。这个阶段,双方都挺艰难的,但都学会了冷静,学会了怎么去克服。其间,我学了很多心理学的知识,对症状的解决路径有了初步的认识。母亲由于年纪偏大,认知方面很难调整,更多时候都顺着我来,她也不跟我吵了,悉心地帮自己带小孩、洗衣做饭、整理家务等,这也从源头上消除了家庭不和的刺激源。

Ψ 逐步走向康复。 经过一段时间的冷静磨合,双方逐渐变得非常融洽,她以我为主,忍让我居多。我清晰地认识到,要尝试吃药、调整认知、多沟通交流,抱着愉悦的心态去治疗,努力带着症状去生活。家人也尽量地为我创造宽松的环境,力求形成融洽的康复氛围。事实上,患病前自己对母亲本来就很尊重,只是发作时会非常怨恨父母、怨恨家庭,现在都变好了。随着病情的逐步康复,所有的事情都一步一步地往好的方向发展。

〖心灵鸡汤〗孩子喜欢用喜怒哀乐支配大人,这是他们惯用且奏效的把戏。长大以后,如果还想用这种情绪支配别人,那就幼稚了。——阿尔弗雷德·阿德勒

（三十三）遭受重大创伤后

案例：有一位患友，37岁，她是一名汶川地震的幸存者，也是一位心理障碍患友。地震发生时，她刚好不在老家，幸运地躲过了灾难。但她天生乖巧的妹妹很可怜，早上吵着闹着还不想去学校，她母亲劝了很久才肯去，去了之后就发生了地震，妹妹不幸遇难。

地震后，各级政府及民间组织非常关切患难家属和个人，但是因为人太多了，每个人个体情况不同，经历的心理防御也不一样。多少年过去了，这位患友的梦里会经常出现妹妹的欢声笑语。有时候她在自媒体上也写文章，记录点点印迹，想抚平心中的创伤。

患友一直受着地震灾难的影响，久久走不出来，但是她一直感恩社会，在自救的同时，也在反馈社会，尝试着不断地引导别人怎么走出心理障碍。只是经过那么多年了，她自己始终没有走出阴影，一个人的时候经常会掉眼泪。

Everything will be fine ■
躁狂抑郁何时休

2022年以来，俄乌战争全面爆发；安倍晋三被枪杀；土耳其、叙利亚等地发生大地震。在世界范围内，天灾人祸始终不断，很多事情无法预料，选择向前看当然是最好的选择，但事实上又有几人能做到这么坦然淡定。面对飞来横祸，首要的任务就是应急救援，而其中大家普遍重视的一般是物质救援，却往往忽视了心理救援。

从心理学的这个角度来说，很显然案例中的患友患了比较严重的创伤后应激障碍。当灾难发生的时候，我们一定要防患于未然，必要的心理干预非常重要。灾后经常会出现的两个心理障碍，个人觉得大家有必要了解。

Ψ 急性应激障碍（ASD）。它是指在遭受到急剧、严重的精神创伤性事件后，数分钟或数小时内所产生的精神障碍，以严重的精神打击为直接原因。患友的行为有一定的盲目性，表现为强烈恐惧体验的精神运动性兴奋、抑制甚至木僵，症状往往历时短暂。比如说，灾难发生的时候，家人突然一下子消失在人海当中，得到死亡的消息后，作为亲人肯定接受不了，心理猛然遭受重创，行为上的表现必然有别于常人。其症状往往是在重大创伤性事件发生后的24或者48个小时之内发生，48小时以后会慢慢开始减轻，持续时间一般不会超过三天。当然要因人而异，每个人的情况不同，一般一周内都会恢复。总体来说，ASD来得猛烈、去得也快，只要短期内能控制住了，就会避免悲剧的发生。

Ψ **创伤后应急障碍（PTSD）**。它是指由于受到异乎寻常的威胁性、灾难性心理创伤，导致延迟出现和长期持续的精神障碍。表现为经常会在梦里出现，再度体验灾害情景，经常会想到之前的事情。刚才这位患友就是这种情况，这种症状会严重地影响日后的工作，且会持续很长的一段时间。患友有时也会回避、警觉灾害情景，对之前的事情不愿去想，出现木讷冷漠、反应迟钝等情况。同时，警觉性会提高，比如打雷一下子惊醒就会很害怕，暴风台风来了也会很害怕，灾害之后这种害怕是很正常的。PTSD 一般在重大创伤性事件发生后数天至 6 个月内发病，病程至少持续 1 个月以上，可长达数月或数年，个别甚至达数十年之久。

无论是急性应激障碍，还是创伤后应激障碍，重大创伤性事件是其发病的基本条件，都具有极大的不可预期性。朋友们务必要引起重视，以后万一发生创伤的时候，可以把创伤障碍当作一个重要的症状来对待。

Ψ **立即处理**。主要针对急性应激障碍。当创伤性事件发生后，当场应急处理非常关键。如果条件允许的话，可请专业人士帮忙，尽早给予危机干预，可最短时间内解决症状。如果事出紧急，那现场陪伴的家人、朋友，应引导帮助患友稳步走出来，一般以鼓励为主，允许患友情绪宣泄，让其咆哮也好、哭泣也好，这都是可以的。当时情况下，一些安慰的话往往无效，"我明白你的感受""节哀顺变""以后会好的"……这些话反而会刺激患友,最好鼓励患友去宣泄,或尽快协助其脱离创伤的环境。

Ψ 后续处理。主要针对创伤后应激障碍。这跟一般的心理障碍治疗类似,包括心理治疗、认知改变、药物介入等,特别是心理治疗是根治 PTSD 最为有效的方法,药物治疗对于缓解患友的症状有效,两者的配合使用应该成为首选。总之,灾后灾民的心理是非常脆弱的,无论是心理治疗还是药物治疗,都需要较长时间的跟踪,不能一劳永逸,且需要一个宽松的环境才能康复。

朋友们,如果身边有人出现 ASD 和 PTSD,那请不要犹豫,伸出援手,因为他们需要拉一把。切记,心理救援至关重要!

〖心灵鸡汤〗灾难是无法比较的,对每个受苦的人,他的灾难都是最大的。——齐邦媛

（三十四）带着症状去生活

"与XX共生存"，带着症状去工作和生活，这是当前比较流行的一个提法。与抑郁、躁郁等心理疾病能否共生存，也是大家比较关心的一个问题。结合自己的亲身经历，我觉得接受那个生病的自己，学会与心理疾病拥抱并安抚它，这是一种理性又务实的做法。

美国肯尼迪家族成员帕特里克·肯尼迪，承受家族成瘾性疾病与躁郁双重疾病，成功当选联邦众议员，他说，每个人都会面临挑战，感恩自身所有的经历，包括与心理疾病共处的过程。可见，只要通过努力，患友们是可以做到与心理疾病共生存的。

换一个角度思考，说起来可能比较残酷，如果一个人患有某种心理疾病，那么共存根本不是"能不能"的问题，而是必须要经历的生存环节。试想一个人得了抑郁、躁郁症，不能接受这个事实，那就不会得到有效的治疗，就无法康复。从发作开始的整个过程，不管个人是以何种状态生活，都是在与症状共存的状态下艰难支撑着。反之，如果得了抑郁、躁郁症，接受了事实、选择了就医，且明白康复需要时间，那么患友在这个过程中，必然与它们都处于一种共存的状态。也就是说，不管接受与不接受，与疾病共存是一个无法回避的过程。

现在有心理疾病的人很多，可以说已经是很普遍了。就像在一个充满污秽的大染缸里，想做一条健康的鱼很困难，那人在整个生活过程中，也一样不可能完全独善其身。我们每个人都不同程度地存在这样那样的心理问题，有的程度轻、有的程度重，有的时间短、有的时间长，有的发现早、有的发现晚，大家其实早就与心理疾病共生存了。现在社会、家庭对心理疾病的重视度和接纳度都很高，大家该看病就看病，该吃药就吃药，真的不需要太大压力。

事实上，能与抑郁、躁郁症共存，就意味开始战胜它们了。当然至于如何与其共生存，那就需要具体问题具体分析，要学会合理有效地带着症状去工作和生活。

Ψ 审视自己，迎接新的挑战。每个人天生都有自我保护功能。即使自己过度使用大脑，身心负担过重，整个人还是有自我保护的能力，大脑和躯体会透过不同的方式来提醒自己要休息及注意健康。当抑郁、躁郁症被检查出来时，任何人不用慌张，疾病只是来提醒自己要追求健康了。要积极尝试检查治疗、审视认知、平衡身心，带着症状去改变原有错误的生活、思维方式，提升自己的思想境界，抱着更加通透的态度，来迎接、挑战全新的人生旅途。

Ψ 放慢自己，稳步新的征程。有些人查出抑郁、躁郁症就自己吓自己，其实这病不是一天形成的，可以查找一下原因，然后对症下药、各个击破。大多数心理疾病通过几年的治疗是可以好的，用最科学的方式去战胜疾病，可逐渐恢复自己的信心。在一个人的成长过程中，原生家庭、工作环境和思维方式对自己的心理健康至关重要，可以说心理疾病是累积而成的，因此疏导解决它们自然也需要时间。学会维持情绪平衡，就能保持心理健康，但这不是一天两天就能做到的，需要让自己慢下来沉淀一下，改善一下认知，提升一下技能，逐步走向新的生活和工作。

Ψ 唤醒自己，走向新的岗位。当一个人患上抑郁、躁郁症后，精神内耗在所难免，各种冲突会引发一系列的负面影响，进而造成自己生活和工作上的困境。接受治疗后，一般情况下症状都会得到改善，待情绪平稳后自己往往会尝试去重新生活和工作。此时的自己，已基本了解了症状特征，开始对发作有了心理准备，显得不会那么恐慌，也掌握了一些平复情绪的经验，修复之前的损失将会提上议事日程。只是开启新的生活，并不是那么简单的事情，处理得好将助于病情康复，处理得不好将会导致复发，因此需要衡量新旧环境对个人的影响程度。要结合自己病情的实际情况，降低生活要求和工作目标，尽量不给情绪造成压力和冲击，然后选择适宜的时间，比对适合的岗位，一步一步走出去见人做事，最终回到人生正常的轨道上来。

〖心灵鸡汤〗一朵成功的花，都是由许多雨、血、泥和强烈的暴风雨的环境培养成的。——冼星海

Everything
will be fine ● 第四部分
实用心理放松方法

第四部分 实用心理放松方法

在工作和生活中，我们常常会因为各种各样的事情感到压抑、焦虑、躁狂、难以入睡，这都是一些正常的心理现象，它们的存在可以帮助我们更好地觉察自己，更深刻地体验丰富的情绪，增加生活的阅历及智慧，但是当我们身处其中时，却倍感困扰，这时我们可以尝试做一些放松训练，让自己的情绪舒缓下来，找到适合自己的放松方式是管理情绪的第一步。下面介绍五种简单易行的心理放松训练方式。

Everything will be fine ■
躁狂抑郁何时休

（一）腹式呼吸法

当人们心理压力过大时，人体的交感神经常处于兴奋状态，个体可能会不由自主地感到心慌、呼吸急促和出汗，而呼吸是我们唯一可以进行自主调控的内脏活动。腹式呼吸过程中，最重要的是要将注意力集中在呼吸上，集中到自身内部，放空大脑，为身体在压力下高速运转的思维活动"踩刹车"。在呼吸训练过程中，应尽可能缓慢、平和地呼吸。把注意力放在每一次"呼"和"吸"的动作上。比如：可以体会吸气时空气接触鼻子凉凉的感觉，以及呼气时鼻腔变热的感觉。

〖 请大伙儿试着放松一下 〗

先找到一个让你有足够安全感的地方，并采取舒服的姿势，坐着或躺着都行。通过鼻腔慢慢地将空气吸入肺的最底部，同时慢慢从1默数到5。在这个过程中，尽可能地把空气吸到身体的最深处。把手放到腹部，当你吸气的时候，会感到肚子慢慢地鼓起来。屏住呼吸，慢慢地从1默数到5。通过鼻子或嘴，缓缓地将气体呼出，同时慢慢从1默数到5。

如果这个过程需要更多时间，就多数几个数。确定气体完全呼出后，再正常呼吸两次。重复上述步骤，每次练习3-5分钟。

〖关注点〗

如果在这个过程中我们更多感受到的是胸部的变化，我们可以试着闭上眼睛，将我们的精力集中到肚子上，想象并感受肚子的存在，感受肚子的起伏。我们也可以想象自己肚子里有一个气球，然后缓慢呼吸，想象着肚子里的气球随着呼吸慢慢变大变小。

我们不必急于一次就能体验到腹式呼吸的状态。如果第一次不行，没关系，多试几次就好。呼吸运动熟练后，我们还可以结合愉快回忆。想一想自己开心的经历，那些感恩的人和事，特别温暖或愉快的场景，并想象这种温暖和愉快扩散到全身的感觉。练习3-5分钟。

当然，呼吸运动也不能过于频繁地使用，过度的腹式呼吸可能导致血液中的二氧化碳的大量排出，反而对身体健康不利，所以一般腹式呼吸以每次练习3-5分钟为宜，间隔半小时以上可再次进行腹式呼吸。

（二）"蝴蝶拍"

〖请大伙儿试着放松一下〗

双手交叉放在胸前，中指尖放在对侧锁骨下方，指向锁骨的方向。你可以闭上眼睛，或者半闭上眼。

将你的手想象成蝴蝶的翅膀，像蝴蝶扇动翅膀一样，缓慢地、有节奏地交替摆动你的手，比如先左手，后右手。

缓慢地深呼吸，留意你的思绪和身体感受。在这一刻，你在想什么？你脑海中有什么样的景象？你听到了什么声音？闻到了什么样的气味？

审视你的想法、感受，不去评判它们。把这些想法、感受看作天上飘过的云彩：一朵云彩来了又去了，我们只需静静地目送，不去评价它的好坏。

重复 6-8 次"蝴蝶拍"，当你身体平静下来后停止。

（三）肌肉放松法

〖 **请大伙儿试着放松一下** 〗

手臂放松：伸出右手，握紧拳，使整个右前臂变得紧张、僵硬。伸出左手，握紧拳，使整个左前臂变得紧张、僵硬。双臂伸直，两手同时握紧拳，紧张手和臂部。

头部放松：皱起前额肌肉、眉头、鼻子和脸颊（可咬紧牙关，使嘴角尽量向两边咧，鼓起两腮，似在极度痛苦状态下使劲一样）。

躯干部位放松：耸起双肩，紧张肩部肌肉；挺起胸部，紧张胸部肌肉；拱起背部，紧张背部肌肉；屏住呼吸，紧张腹部肌肉。

伸出右腿，右脚向前用力像在蹬一堵墙，使整个右腿变得紧张、僵硬；伸出左腿，左脚向前用力像在蹬一堵墙，使整个左腿变得紧张、僵硬。

待上述肌肉持续紧张、僵硬几秒钟后，同时放松全身所有肌肉，体验全身放松的感受。

〖关注点〗

阅读上述步骤，熟悉需要紧张的肌肉群。

上述步骤并非一定要按照顺序进行。当自己某个部位的肌肉在保持紧张几秒钟后，即可进行放松练习。

我们既可以一部分一部分地使肌肉紧张和放松，也可以在整体熟悉后，同时对全身的肌肉进行紧张和放松练习。

（四）着陆技术

〖请大伙儿试着放松一下〗（挑选适合自己的即可）

精神着陆：环顾一下四周，快速地说出你所看到的各种物体的颜色、形状、名称等。

身体着陆：感觉一下双脚与地面的接触，身体与椅子的接触；动动手指头和脚趾头，用心感受它们的存在与带给自己的感觉；抓握一个物体，感受它给自己带来的触感、温度。

自我抚慰的着陆：想一个你爱的或爱你的人的面容；想一件你期待去做的事情；想一想能让你安心的东西。

〖关注点〗我们做这些活动时不一定要完成多少数量或做得多精确，这并不是一场考试。如果大家觉得将注意力集中到自己的身上很难，可以试着找一个干扰较少的环境，闭上眼睛，将自己的大脑想象成一个扫描仪，能够去"扫描"全身不同的部位。当"扫描"到身体的某一个部位时，停在这里，去感受它们的存在以及它们与其他地方接触而给自己带来的感受。着陆技术也可以配合腹式呼吸一起,即着陆技术后跟着做腹式呼吸。

（五）冥想放松

〚请大伙儿试着放松一下〛

（1）采取一个舒适的坐姿，仰躺着或者坐着。如果你是坐着的话，你的坐姿要尽量庄重，保持脊柱挺直，双肩下垂。（2）如果感觉舒适，可闭上眼睛。（3）让注意力温和地落在你的腹部，吸气时，感觉腹部微微隆起或扩张，呼气时，下落或回收。（4）将注意力聚焦于呼吸的全部过程，与每一次吸气和呼气的整个过程"在一起"，仿佛你在驾驭自己呼吸的波浪。（5）每一次，当你留意到自己的注意力不在呼吸上时，试着留意一下脑海里有什么，记得不要去评价它，仅仅是觉察一下它是什么，然后温和地把注意力带回腹部，带回到呼吸上，持续感受气息出入时身体的感觉。（6）无论你是否喜欢，每天在一个方便的时间里练习5分钟，坚持一个星期的冥想练习后，看看你的生活感觉如何。每日里花些时间，只与你的呼吸在一起，不去做别的事情，并认真去体验这样的感觉。

〚关注点〛冥想有助于注意力的训练，冥想时，人们静静地坐着,将注意力集中于自己的呼吸。随着空气从鼻孔中出入,人们沉浸在自我感觉中。任凭思绪涌入脑海,又轻轻将其拂去,呼吸,拂去。研究发现,这样训练冥想三个月,大脑分配注意的能力将得到大大提高。

如果以上放松练习为你带来了积极感受,可以坚持每天练习!

Everything
will be fine ●第五部分
致抑郁、躁郁症患友及父母的三封信

（一）致抑郁症患友（已逝）父母的一封信

宋XX先生：您好！

近期，您让小孩退学，试图以家庭教育取代校园教育的做法引起了很大争议。有人反对，有人支持。反对的人说，您始终没有从大儿子的去世中走出来，反而把自己的责任推给社会、推给学校，这是一种逃避的、不负责任的表现。支持的人说，当前社会教育确实不行，您和您爱人都是知识分子，完全可以按照自己的方式把小孩教育好。对于您的目前的状态、做法，我有这么几个观点，仅供参考。

首先，我非常理解您的遭遇，但找到孩子病因是解决问题的关键。 自孩子去世以后，您一直沉浸在痛苦的阴影当中无法自拔。这是人之常情。任何一个人遇到这样的事情，是很难一下子恢复到正常的一个状态当中。丧子之痛，一般人都承受不了，这是千古难题。毫无疑问，儿子去世后，您得了典型的创伤后应激障碍，通过各方面的信息和您的表达，虽然您一直在努力，但可以看出您的这种心理障碍还没有完全好。

20世纪90年代，我的一个亲戚也因为儿子意外去世，没过多久，她自己也因为伤心过度离开了人世。悲剧接二连三地发生，让家庭遭受重创。当时家人只知道她伤心欲绝，但却没有及时给予其合理的疏导，到如今这都是令家人非常懊悔的事情。真希望这样的事不要再发生。希望您能早日接受心理的疏导，通过自己及家人的努力，尽快地走出来。

只有找到原因，才可以找到正确的解决方案。是否有这种可能？您小孩患的抑郁症可能是有家族遗传的。可能是您这边，也可能是您爱人那边的。一言以蔽之，他（她）的抑郁症是有遗传基因在的，可能你们没发作而已，而小孩因为家庭环境、学校环境等原因发作了。如果确实存在话，那希望您能及时地介入治疗，尽量避免或者规避存在的风险。如果这是客观存在的，那我们就必须面对，没必要逃避。该怎么治疗就怎么治疗，该怎么应对就怎么应对。这是对自己、对家人的负责。

其次，您小孩适合当艺术家，但对应的风险成本也需要及早关切。 从您小孩喜欢画画，基本上可以判断出他（她）的右脑相对发达，或者说右脑活动得比较多。右脑发达的人相对会情绪化、思维飘逸、才思敏捷，适合当艺术家，具备天才的基因。但从另一方面看，原生家庭在教育当中，可能忽视了他（她）左脑的锻炼，而左脑控制理性思维。您小孩可能由于右脑用力过度，左脑锻炼得又不够，导致了人比较容易情绪化、理想化，一定程度上的敏感脆弱、善良。他（她）

选择的那条路，可能也是源于此，毕竟世界上类似的例子并不少。

再次，您的努力有目共睹，但原生家庭的责任必须承担。 虽然您表述得不多，但原生家庭肯定是有原因的。不是说一定是你们的错，就是在教育过程当中，您可能培养出来的是一个善良、多才、博爱的孩子。但是，他（她）表现出来的优势往往可能也是他（她）的弱势，他（她）能选择那条路，也可能是因为太善良、太会容忍，当遇到压力或者不满时，导致了自己的情绪失去平衡。同时，由于年龄小无法自控，最后才采取了那种比较极端的做法。

最后，丧子之痛固然沉重，但您的通透对小孩的未来至关重要。 当前比较关键的一点就是您和您家人的心理健康非常关键。没有办法，你们必须理智地、客观地看待这一年来以来发生的事情。痛苦必须承受，压抑、悲观的情绪该宣泄就宣泄，必须要调整过来。因为你们还有一个小孩，你们的情绪，你们对工作、对人生、对生活的态度，直接会影响你们对他（她）的教育。尽量带小孩去运动、去玩、去交流。也可以去测一下小孩左右脑，到底是右脑发达还是左脑发达，然后有针对性地对他（她）的教育进行调整，让他（她）的左脑和右脑相对平衡地去发展。

自己的路该怎么走，当然自己说了算，别人谁也无权干涉，但弄清楚伤痛原因、避免伤痛发生也至关重要。

祝您一切都好！

（二）致广大抑郁、躁郁症患友父母的一封信

广大的抑郁、躁郁患友父母亲们：你们好！

当家庭当中有小孩患抑郁、躁郁症，那么作为父母亲是相当辛苦的。如果你们处理好了，那就可以加速病情的康复。如果你们处理不好，那就会影响小孩的治疗环境、恶化小孩的病情，甚至可能会影响家庭未来几十年的生活状况。因此，作为整个家庭当中关键的一环，父母亲对抑郁、躁郁症的认识、理解、处置，将直接影响到整个病情的发展。所以，非常有必要跟广大抑郁、躁郁症患友的父母亲作一次沟通，跟你们聊一聊小孩的病情如何尽快康复，希望能帮到大家。

首先，父母亲是小孩的第一医生，你们的作用甚至比心理医生都要重要。由于家长是小孩成长的第一陪伴者，那么父母亲比其他人有更多的时间和空间来跟小孩面对面接触。在小孩患病的整个过程当中，父母亲一般是最早接触小孩生病动静的，你们的反馈态度、言行举止，将直接影响小孩的情绪波动。患病后，小孩特别需要家庭、父母亲的关切，他（她）们向外求助的第一个支点就是你们。这个时候，你们

要格外注意，一定要对他（她）的言行举止密切关注，要第一时间跟小孩进行沟通，切不可以对立的姿态来应对他（她），否则会给小孩的病情造成二次伤害。你们掌握着小孩的第一手病情，你们的态度、言语、行为，就像一把"手术刀"，可以直接帮助小孩切开伤口、排出病毒，最终愈合伤口。同时，你们可以给予小孩更多的建议，引导他（她）需要什么帮助、需要注意什么、需要做什么，给小孩充分的信心，让小孩意识到他（她）是安全的，以后会好的。

其次，父母亲要站在小孩的角度，而不是站在医生或者咨询师的角度。在小孩治疗的过程中，往往会出现很大一个误区，即父母亲经常把希望寄托给心理医生或咨询师，而自己就像"甩手掌柜"一样站在旁边观看。这个主要源于，父母亲不是站在小孩的角度对待病情，而往往是站在自己的角度，站在了医生、专家或咨询师的角度，去对待小孩的治疗。父母亲经常认为自己是对，而小孩是矫情、叛逆，有时会在网上找一些所谓的专家，拿到心灵鸡汤和说教方案，跟小孩进行说教、分析甚至排斥，这样只会让小孩的病情更加恶化，只会造成更加不好的家庭环境。父母亲一定要站在小孩的角度，设身处地地来了解小孩的所思所想，帮他（她）从痛苦的心情中拉出来。他（她）可能不需要太多的言语、金钱，他（她）往往需要温暖、需要包容、需要帮手，需要家人共情地去陪伴他（她），需要别人帮他（她）从谷底里拉上来，而不是踩他（她）一脚。父母亲要始终同他（她）站在一个战壕里,来面对整个病情带来的伤害,真真切切为他(她)排忧解难、为他(她)宽心。

再次,父母亲要习惯当学生,了解抑郁、躁郁症等心理疾病。在国内,如果小孩说自己心情不好,父母亲,最多劝慰几句,叫他(她)看开一些,而很少会想到他(她)病了,带他(她)去看心理医生。这与当前国人的文化特点和精神卫生知识不足有关联。为了尽快帮助小孩走出困境,父母亲要习惯当学生,要了解抑郁、躁郁症等心理疾病的特点、解决方案。知己知彼,才能百战不殆。只有你们了解了心理疾病的病理、特征、解决路径,你们才可以有更好的方式去帮小孩走出来。而不是像无头苍蝇似的去指手画脚,反而让小孩感到更加心烦意乱,以至于整个病情恶化。当你们了解这个病之后,可以选择合适的时机跟小孩进行沟通交流,把这个病的一些情况跟他(她)分享,让小孩也了解到这是一种症状,这是一个病,父母亲和小孩一起来对待病的治疗,那么康复的希望就更加大了,家庭的信心也会越来越大。待以后一旦发作的时候,也会知道该怎么去解决、怎么去应对,能做到手里有粮、心中不慌。

最后,父母亲要学会陪伴,配合孩子一起治疗、度过。如何陪伴小孩治疗,是整个治愈过程当中的关键一环。陪伴好了,小孩的病情会加快康复。陪伴不好,这个病情可能会延续终生。父母亲在陪伴过程当中要注意沟通交流,处理好与小孩的关系,与心理医生的关系,与心理咨询师的关系。

Everything will be fine
躁狂抑郁何时休

平时要配合心理医生、咨询师做好治疗，包括药物上的同步反馈，情绪上的同步互动，尽量让小孩和医生互动沟通，从而了解小孩病情的进展，掌握心理医生、咨询师在治疗过程当中的作用。跟小孩要长话短说，不能天天唠叨，要跟他（她）交流感兴趣的东西、比较喜欢的事情，努力帮他（她）营造一种宽松愉悦的环境，提起他（她）的兴趣点。在陪伴的过程当中，尽量放手让他（她）做一些自己想做的事情，比如踢踢足球、打打篮球等，分泌一下多巴胺；比如做做家务，可以维系一下家庭的和谐关系；比如去做自媒体、记日记、写书等，让他（她）获得一些成就感。让他（她）的大脑也能得到跟以前不一样的训练，这样的效果肯定也会变得越来越好。

当然，每个家庭的情况不同，可以因人而异地选择不一样的方式。陪伴的道路非常艰辛，你们都辛苦了，但经历过风雨，彩虹将会异常耀眼。

祝天下所有抑郁、躁郁患友的父母亲都好！

（三）致广大抑郁、躁郁症患友的一封信

广大的抑郁、躁郁患友们：你们好！

当你们第一次接触到抑郁、躁郁症的时候，你们肯定是心慌意乱、不知所措的，并且不知道从何说起，向谁诉说，跟谁讨教？毫无疑问，抑郁、躁郁症刚来临时，整个人都是懵的。一般情况下，亲人、朋友、同事等都无法给你们有效的宽慰或者建议，专业的帮助几乎为零。作为曾经的经历者、斗争者，结合自己的感悟和体会，觉得非常有必要跟广大抑郁、躁郁患友作一次"新人"之间的交流和沟通，便于大家减少对心理疾病的恐慌，增加对心理疾病的认识，初步掌握解决心理疾病的路径，从而从总体上减少走弯路的概率。

首先，任何人都会生病，你们只是生了心理疾病。从科学角度来说，心理疾病跟躯体疾病是一样的，它是人心理方面的病。大伙儿往往会对躯体疾病司空见惯，比如糖尿病、高血压、心脏病、感冒等，甚至对"新冠"都习以为常，但对心理疾病却知之甚少、刻意回避、难以启齿，有些人还会歧视患友。出现对心理疾病的相对滞后、错误的认知，是有

Everything will be fine ■
躁狂抑郁何时休

历史原因的，直观上看就是整个社会对其重视度和接纳度不够等原因造成的。

试问，既然血压飙升、感冒发烧是病，那为什么脾气失控、易怒骂人却不能是？稍微思考下，就会知道两者都是病，躯体和心理两条线上的疾病。如果身体方面发生问题，很容易会让人去看医生，包括头晕、头痛、耳鸣、腹胀、腹泻、肩颈酸痛等，而有些人觉得自己脾气不好、情绪控制差、爱大声骂人、暴怒摔东西等，这说明是心理方面出了问题，同样需要去检查治疗。

随着近年来发达国家对心理疾病的深入研究，让更多的人知晓了心理疾病的发病原理、解决路径，国人对此从思想和应对上都得到全面的改观。现在越来越多的人，都开始注重身心健康，而并非之前的只注重身体健康。事实上，只有对身体和心理两手抓、两手硬，每个个体才能在以后的工作和生活中保持健康的心态，让自己在十分愉悦和宽松的状态中得到全面发展。

其次，既然是一种病，那就坦然接受它、解决它。 众所周知，但凡人生病了，比如感冒高烧、血压上来了，那么都会去医院寻医问诊。这是最基本的生命健康常识。既然心理障碍也是一种疾病，那自然需要患友及时去接受治疗。对患友而言，非常关键的一环，那就是及时去接纳这种病，接受患病的事实。千万不要有羞耻感，不少患友就是因为羞耻才迟迟不肯面对，从而贻误了治疗时机。

千百年来，有病治病无可非议，这是每一个人对生命最基本的态度。因此，患友们可尽早对自己的身心做一次"排摸"，起码有一个相对清楚的了解和认识，并同步去学习和掌握抑郁、躁郁等心理疾病相关知识，在这个基础上尽快地去找好的医院、好的医生接受治疗。要不断地配合医生试错，争取尽快对疾病有一个正确的诊断，从而没有顾虑地去尝试药物、心理等多方面的治疗。

很多人都说，心理疾病是好不了的，要一辈子吃药。这种观点是有失偏颇的。心理疾病，绝不是一种绝症，大部分症状都是可以通过有效的家庭、药物、心理等治疗，逐步得到缓解和痊愈。只要找到正确的治疗路径，那么患友们将很快会得到改善甚至康复。

最后，得了心理疾病后，并非一无所获。虽然心理疾病的到来，会给大部分患友带去痛苦和伤害，但任何事情都有两面性，需要辩证地去看待。除去根深蒂固的遗传因素，大部分心理疾病的产生，都在警醒患友们的身心有"小故障"了，需要及时调整和改进。当警报拉响后，患友们就有了自行检查和寻医问诊的机会，在诊疗的过程中，大伙儿一般会发现自己可能用脑过度了、认知出现偏差了、工作环境太糟糕了、家庭关系要改善了，等等。正是有了这个缓冲期，患友们可以通过休息、排解、调整等方式，让自己的身心得到一次大休整、大提升。

通过诊断、治疗，大部分患友都会让自己的大脑平复下来，不断地平衡着躁狂、抑郁、焦虑等情绪波动，努力找到合适自己的思想节拍。其间，大伙儿都会主动或被动地进行一次大复盘，让自己的身心放松下来，好好地进行能量补充迭代。尤其是认知的调整，将会改变患友们对人生、对生活、对工作的看法，形成一个非常通透和进步的全新思想，从而推动自己在未来的人生当中有一个脱胎换骨的改变。无论是在思想认知和行动上，都将较之前有非常大的进步和提升。

患友们！在漫漫的人生长河中，短暂的情绪波动、错落可能给患友们带来了低谷和伤痛，但同时也给予大伙儿能量迭代、人生通透，这何尝不是一种人生收获呢？

祝广大抑郁、躁郁患友们早日康复、脱胎换骨！

●参考文献

[1] 田中正人.《惊呆了！心理学这么好》.2022，2（2）：P51.

[2] 甘照宇.《双面人生——双相障碍解读》.2021.5(5):P7-15.P140.

[3] 夏一新.《战胜躁郁——翻开就能用的躁郁治疗手册》.2019.10(1).P74-75、P117

[4] 戴维·J.米克罗维兹.《双相情感障碍——你和你家人需要知道的》.2021.2(8):P186-188

[5] 中国红十字（浙江）心理救援队编写整理.《新冠肺炎疫情防控社会心理自助手册》：5种心理放松方法

www.ingramcontent.com/pod-product-compliance
Lightning Source LLC
Chambersburg PA
CBHW052135070526
44585CB00017B/1839